ABC

WUNDER

Ein Buchstabenbuch
mit 27 Geschichten,
Gedichten und Rätseln

Herausgegeben
von Susanne Benk

Impressum

WIR37 ist ein Gemeinschaftsprojekt, bestehend aus 37 AutorInnen, IllustratorInnen und Lektorinnen.

Konzept: Susanne Benk
Projektleitung: Susanne Benk

Grafik: Stella Chitzos
Buchsatz: Stella Chitzos

Umschlagillustrationen: Eva Künzel
Lektorat: Susanne Benk, Sophia Zöfel, Katharina Platz

Bibliografische Information der Deutschen Nationalbibliothek: Die Deutsche Nationalbibliothek verzeichnet diese Publikation in der Deutschen Nationalbibliografie; detaillierte bibliografische Daten sind im Internet über dnb. dnb.de abrufbar.

Herstellung und Verlag: BoD – Books on Demand, Norderstedt

ISBN: 9783751980739

„Wir widmen dieses Buch allen QuerdenkerInnen."

Inhalt

Liebe Vorleserin, lieber Vorleser,

über 30 kreative Menschen aus dem Bereich Kinderliteratur haben sich drei Jahre lang auf ihre vier Buchstaben gesetzt und 27 unverwechselbare ABC-Geschichten, -Gedichte und -Rätsel entwickelt.
Zu 27 Buchstaben? Ja, in diesem Buch stellen wir die 26 Grundbuchstaben des lateinischen Alphabets und das ß vor.

Jeder Buchstabe bekommt vier Seiten zur Verfügung, um zu zeigen, wie einzigartig er ist.
Da jeder Buchstabe auch vielfältig ist, gestalten 16 Illustrator-Innen mit ganz unterschiedlichen Zeichenstilen die Seiten.

Eine Aufgabe am Ende jedes Kapitels gibt den Kindern die Möglichkeit zu entdecken, zu spielen und ihr ABC-Buch mitzugestalten.

Wir wünschen allen kleinen und großen ABC-ForscherInnen eine wunderbare Buchstabenreise. Los geht's!

A wie Affe

Das Astronautenäffchen 1449

von Melanie Stanke und Patrick Heinicke

„Achtung, ich komme!"
Das Astronautenäffchen hüpfte vor Aufregung auf seinem Sitz hin und her. Um die Rakete zu starten, musste es nur noch auf den apfelgroßen Knopf drücken. Achtmal! Aber das war affenleicht! Und schon zischte die Rakete an funkelnden Sternen, leuchtenden Planeten und goldglänzendem Sternenstaub vorbei.
Als das Äffchen den Planeten Mars umrundete, entdeckte es auf einmal direkt vor sich einen Außerirdischen mit einer Antenne am Kopf. Das fremde Wesen hatte sehr lange Arme, an denen jeweils eine Armbanduhr und ein Armreif baumelten.
„Hallo! Ich bin Akiko! Und wer bist du?", fragte der Außerirdische.
Das Äffchen konnte ihn wunderbar verstehen, auch wenn die Raketenwände ziemlich dick waren.
„Ich bin das Astronautenäffchen", antwortete es und winkte.
„Hast du keinen Namen?", wunderte sich Akiko.
„Ich bin nur das Astronautenäffchen", sagte es und zeigte auf sein T-Shirt, auf dem die Nummer 1449 stand.
„Vielleicht ist das ein Rätsel. Ich komme mal zu dir."
Nur einen Atemzug später saß der Außerirdische neben dem Astronautenäffchen in der Rakete.
„Du kannst ja durch Wände gehen!", staunte das Äffchen.
„Ja, das ist sehr praktisch." Akiko schaute sich neugierig um.
„Du hast lustige Sachen hier."
Er deutete mit seinen dünnen grünen Fingern auf eine Obstschale mit Aprikosen und Apfelsinen. Aber es gab noch viel mehr zu entdecken. An den Wänden hingen allerhand Bilder von Ampelmännchen. Im hinteren Teil der Rakete stapelten sich alte Bücher, darunter auch ein Atlas. Und an der Tür mit dem Schild *Ausgang* befand sich ein großes Plakat, welches das Alphabet abbildete.

a

Das brachte den Außerirdischen auf eine Idee.
„Vielleicht musst du die Zahlen auf deinem T-Shirt gegen Buchstaben eintauschen, sodass ein Wort entsteht."
„Ein Wort? Wie soll das funktionieren?"
„Schau auf das Alphabet", erklärte Akiko. „Aus einer 1 wird ein A. Aus einer 2 ein B. Aus einer 3 ein C. Und immer so weiter."
„Ah!", rief das Äffchen begeistert, als es verstand. Dann begann es, die Zahlen in Buchstaben umzuwandeln.
„Addi! Ich heiße Addi!"
„Was für ein schöner Name", sagte Akiko und hatte plötzlich einen außergalaktisch guten Einfall.
„Wir können zusammen auf meinen Heimatplaneten Amalki fliegen und dort weiterspielen.

Ich habe 34 Geschwister. Die rätseln genauso gerne wie ich."
Und schon sauste die Rakete zu ihrem nächsten Abenteuer.

Addi und Akiko fliegen an unzähligen Sternen vorbei.
Schau mal, ein paar Sterne am Himmel stehen so dicht beisammen, dass sie aussehen wie ein Fahrzeug.
Kannst du erkennen, was es ist?

Lösung: Es ist ein Auto. Du findest das Sternzeichen des Kleinen Autos unter der Rakete auf Seite 12 und das Sternzeichen des Großen Autos über dem A auf Seite 10.

B wie Bücherwurm

Buchstaben-Bonbons

von Simone Gruber

In einigen Büchern dieser Welt schlafen – für uns Menschen unsichtbar – Bücherwürmer. Sie wachen auf, sobald wir ihr Buch aufschlagen, hören uns beim Lesen zu und stillen dabei ihren Hunger. Doch Zuhören allein reicht ihnen nicht immer. Manchmal bekommen sie dadurch erst Appetit und beginnen, an den Buchstaben zu knabbern. Einige Bücherwürmer mögen besonders gern das K wie Keks, andere das S wie Schokolade.

Für den kleinen Bücherwurm Balduin ist das B so süß wie ein Bonbon. Gerade kommt Bruno in sein Zimmer und greift nach dem Buch, in dem Balduin leise schnarcht. „Bärenstarke Freundschaft", liest Bruno auf dem Deckel. Er klappt das Buch auf, und schon ist Balduin wach, gleitet durch die Seiten und futtert los.
Bruno bemerkt das nicht und fängt mit dem ersten Kapitel an:

Wir machen Stock__rot am Lagerfeuer. Als das Feuer nicht mehr __rennt, spielen wir Fuß__all. Doch Ellen schießt den __all gegen __enedikts __rille, die im hohen __ogen in das __laue Wasser __ecken fliegt.

Balduin kichert und rülpst zufrieden. Mmh, das hat gut geschmeckt!
Bruno dagegen wundert sich. „Was ist das denn für ein Blödsinn?"
„Du musst dich besser konzentrieren", ruft Brunos Mama aus dem Bad und kommt in sein Zimmer geeilt.

Genau in diesem Moment wird Balduin übel. Das waren wohl zu viele Buchstaben-Bonbons! Mit einem Schwupp spuckt er alles wieder aus, und Brunos Mama liest:

*„**B**Eugen **b**und **B**Ellen **b**ringen miteinander, wer die **B**rote Brille mit dem Boot holen muss. Da **b**landet **b**eine **B**Eule **b**auf dem Boot."*

Mama sieht verwirrt zu Bruno. „Was ist mit dem Buch passiert?"
Bruno zuckt mit den Schultern. Wie soll er richtig lesen, wenn nicht mal Mama das kann?
Jetzt hat Balduin ein schlechtes Gewissen. Schnell klebt er die **B**s mit seiner Spucke zurück an die richtigen Stellen.
Als seine Mama wieder im Bad verschwunden ist, versucht Bruno erneut zu lesen. Vielleicht hilft es ja, wenn er mit dem Finger an den Worten entlangfährt.
Da passiert es: Balduin ist so mit dem Ankleben beschäftigt, dass er gar nicht auf Bruno achtet. Dabei weiß doch jeder Bücherwurm, dass er bei Berührung sichtbar wird. Bruno staunt nicht schlecht, als er Balduin unter seinen Fingern entdeckt. Und wo Balduin entlang kriecht, kann Bruno alles lesen:

„Wir machen Stockbrot am Lagerfeuer. Als das Feuer nicht mehr brennt, spielen wir Fußball. Doch Ellen schießt den Ball gegen Benedikts Brille, die im hohen Bogen in das blaue Wasserbecken fliegt.
Eugen und Ellen ringen miteinander, wer die rote Brille mit dem Boot holen muss. Da landet eine Eule auf dem Boot."

Lösung: Der Biber springt in den Bach und ruft zur Blattlaus: Bis bald!

Balduin und Bruno starren sich an. Balduin war noch nie sichtbar, aber vor Bruno hat er keine Angst. Und auch Bruno mag den kleinen Wurm sofort. An diesem Tag quatschen sie bis tief in die Nacht und werden beste Freunde. Beide blödeln gern rum, und abends lesen sie sich gegenseitig vor. Wenn Balduin dann Buchstaben-Futter-Appetit bekommt, ist ab und zu auch ein komischer Satz dabei – wie:

„Der __iber springt in den __ach und ruft zur __lattlaus: __is __ald!"

Wie heißt der Satz richtig?

C wie Chamäleon

Camilla liebt Pink

von Carina Raedlein und Eva Künzel

Schau mal, was ein Chamäleon kann:
es nimmt die Umgebungsfarbe an.
Ob schlammgrün, senfgelb oder grau,
acht Tiere sind hier, nur wo genau?

Caruso chillt gern am Ententeich,
die Wiese ist dort kuschelweich.
Himmelblau leuchtet Carmens Popo,
sie schlägt ein Rad auf dem Cabrio.

Nur Camilla ist in Pink verliebt,
obwohl man sie damit überall sieht.
„Tarn dich, Liebes", sagt man zu ihr.
Doch sie meint stolz: „Pink passt zu mir."

In ihrer leuchtenden Schuppenpracht
wird sie von den Fliegen ausgelacht.
„So fängst du uns nie. Wir sehen dich!"
„Ich will euch gar nicht", denkt sie bei sich.

Sorglos schlendert sie über Bäume
und hüpft ganz cool von der Ziegenscheune.
Die Fliegen – eins, zwei, drei und vier –
sind neugierig und folgen ihr.

Camilla träumt und gibt nicht acht,
stößt an 'nen Wagen, dass es kracht.
Ein Clown hüpft hurtig aus dem Bett
und lehnt sich auf das Fensterbrett.

C

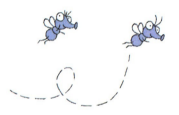

Seine Nase ist pink, wie Mund und Haar,
diese Farbe findet er wunderbar.
Die Fliegen verdrehen wild ihre Augen,
was sie sehen, können sie kaum glauben.

Camilla tanzt auf einer Vase
und klettert hinauf zu Campellos Nase.
„Bleibst du zum Essen?", will der von ihr wissen,
und Camilla springt jauchzend aufs Sofakissen.

Die Fliegen sausen hin und her,
von Camilla sehen sie jetzt nichts mehr.
Kannst du sie in Campellos Wagen entdecken
anhand ihrer pinkfarb'nen Glitzerflecken?

Camillas Lieblingswort ist Chaos. Sie hat es mit Clowns-
schminke auf den Zirkuswagen geschrieben. Hat dir in
diesem Gedicht ein Wort mit C besonders gut gefallen?
Welches ist es?

D wie Drache

Ich seh' ein D,
das du nicht siehst

von Nika Reiff und Aleksis M. Jansen

David und seine große Schwester Dinah standen im Eingang des
Naturkundemuseums. Eigentlich waren sie hier mit ihrer Tante ver-
abredet, die im Museum arbeitete. Aber Tante Maja war nirgends
zu sehen.
„Lass uns drinnen nach ihr suchen", schlug Dinah vor. „Bestimmt
hat sie die Zeit vergessen."
David setzte sich seinen Kuscheldrachen Fuio auf die Schulter und
stapfte los.
„Mama arbeitet, Tante Maja arbeitet, und wir sollen durch ein ödes
Museum laufen. Fuio findet das doof."
„Na, wenn Fuio das sagt." Dinah lächelte. „Aber vielleicht haben
du und dein Drache ja Lust auf ein Spiel? Ihr beide gegen mich?"
„Vielleicht", murmelte David.
„Wir spielen *Ich sehe was, das du nicht siehst*. Mit einer zusätzlichen
Regel: Der gesuchte Begriff muss mit dem Buchstaben …"
„… D wie Drache anfangen. Das gefällt Fuio", beendete David den
Satz seiner Schwester.
„Einverstanden", sagte die. „Wir sind D-Detektive. Ich fange an!"
Dinah lief nach rechts zur Dauerausstellung über die afrikanische
Savanne. Plötzlich verschränkte sie ihre Arme.
„Mein D ist im Museum gar nicht erlaubt."
„Isst etwa jemand einen Döner?", fragte David, und Dinah schüttelte
kichernd den Kopf.
„Nein, es ist ein Gerät, mit dem man Bilder machen kann."
David entdeckte einen dicken Mann, der gerade ein ausgestopftes
Dromedar fotografierte.
„Eine Kamera", sagte er und stutzte. „Hm, das Wort beginnt nicht
mit D." Er kratzte sich nachdenklich an der Stirn. „Digitalkamera!",

AFRIKA HALLE

DIRAC

DARWIN

DINOSA

rief er schließlich, und der dicke Mann flüchtete ertappt in den nächsten Raum.

„Vorsicht!", zischte Dinah, als eine Frau dicht an ihnen vorbeistürmte.

David hielt seinem Drachen die Nase zu und hustete:

„Mein D kann man nicht sehen, aber riechen."

„Du meinst sicher das Parfüm dieser Dame."

„Nah dran!", krächzte David.

„Egal, lass uns aus dieser Duftwolke verschwinden", entgegnete Dinah und zog ihren Bruder weiter.

„Och Menno", ärgerte sich David. „Du hast es erraten."

„Dann darf ich jetzt wieder", freute sich Dinah und sah sich bereits nach einem neuen Begriff um.

Da stupste David sie an und flüsterte: „Ich muss dringend mal aufs ... ähm ... Dingsbums." Schnell wie ein Düsenjet sauste David um die Ecke. Als er von der Toilette wiederkam, liefen beide in den nächsten Raum und standen auf einmal vor einem riesigen Tierskelett. Hinter dem Maul mit den spitzen Zähnen kam Tante Maja zum Vorschein und winkte den Kindern zu.

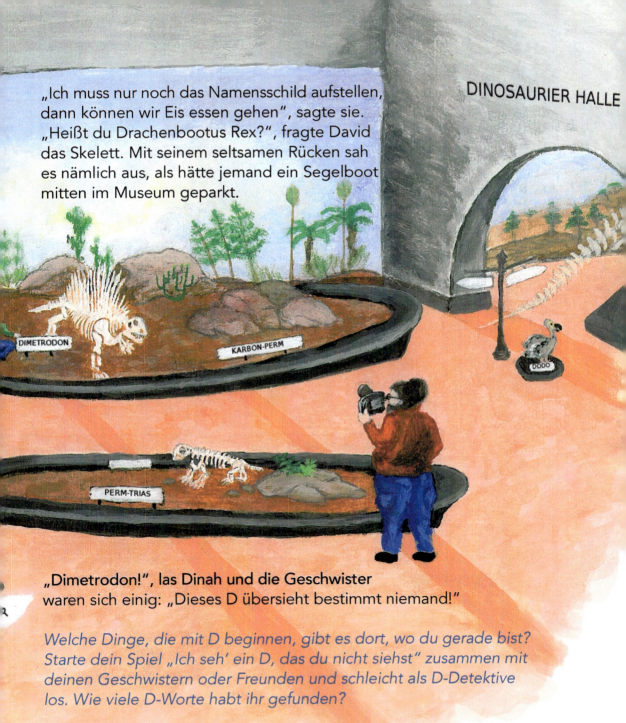

„Ich muss nur noch das Namensschild aufstellen,
dann können wir Eis essen gehen", sagte sie.
„Heißt du Drachenbootus Rex?", fragte David
das Skelett. Mit seinem seltsamen Rücken sah
es nämlich aus, als hätte jemand ein Segelboot
mitten im Museum geparkt.

DINOSAURIER HALLE

DIMETRODON

KARBON-PERM

DODO

PERM-TRIAS

„Dimetrodon!", las Dinah und die Geschwister
waren sich einig: „Dieses D übersieht bestimmt niemand!"

Welche Dinge, die mit D beginnen, gibt es dort, wo du gerade bist?
Starte dein Spiel „Ich seh' ein D, das du nicht siehst" zusammen mit
deinen Geschwistern oder Freunden und schleicht als D-Detektive
los. Wie viele D-Worte habt ihr gefunden?

E wie Eimer

26

Einfach Emil

von Susann Obando Amendt und Stella Chitzos

Kennt ihr Emil Ungeschick,
die Ratte, schmutzigbraun und dick?
Hat Hosenträger überm Bauch,
und stolpern, tja, das kann er auch.
Toll wär' ein Freund, nah oder fern.
Hat jemand Stolper-Ratten gern?

Zu Emil kam noch nie Besuch.
Trost gibt ihm nur sein Lieblingsbuch
von Löwen, Zebras, grauen Riesen
auf Afrikas Savannen-Wiesen.
Emil schläft ganz traurig ein.
Könnte er doch nur anders sein.

Am Morgen hat er die Idee.
Schnell trinkt er eine Tasse Tee,
dann rennt er los in Richtung Stadt,
wo Maler Klecks die Farben hat.
Eimer voll Lila, Orange und Blau,
doch Emil malt sich an mit Grau.

Flink flitzt er weiter, um zu seh'n,
wo denn hier Straßenschilder steh'n.
An einem Schild geht's knickeknack.
Die Zähne beißen zwick und zwack
aus einem Wort das E heraus.
Was bastelt er sich nur daraus?

Das E klebt Emil sich sodann
an seinen Rattenbauch fest dran.
Seht! Er klettert Richtung Schulhausdach,
purzelt in die Klasse von Frau Krach.
Wo Ernesto fragt: „Dein E am Bauch,
ist das ein neuer Faschingsbrauch?"

„Ich bin Emil und allein.
Bald Freunde finden wäre fein.
In meinem Buch, da steht geschrieben,
dass Kinder graue Riesen lieben.
Drum brauch' ich graues Faltpapier,
denn Segelohren fehlen mir."

Lösung: Emil möchte
ein Elefant sein.

28

„Oh Emil mit dem E am Bauch,
einen Freund, den such' ich auch.
Sei einfach du, und setze dich
auf diesen Platz gleich neben mich.
Du musst dich nämlich nicht verbiegen,
um einen echten Freund zu kriegen."

*Bestimmt hast du längst erraten, welches Tier Emil sein möchte.
Oder? In welches Tier würdest du dich gern für einen Tag
verwandeln? Kommt im Namen deines Tieres der Buchstabe
E/e vor?*

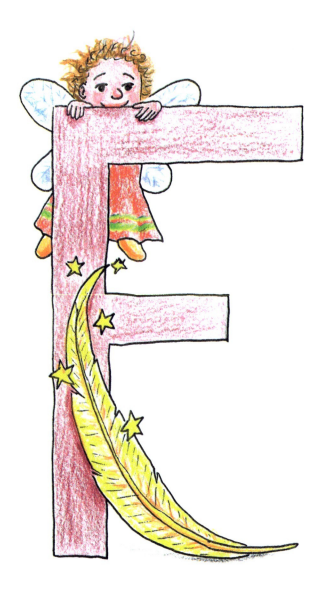

F wie Fee

Besuch von Effi

von Michaela Göhr und Inga Knoff

Die Zwillinge Finn und Franzi sitzen an ihren Hausaufgaben.
Finn stöhnt: „Warum müssen wir eine ganze Seite mit dem
Buchstaben F schreiben? Den kennen wir doch längst, weil
unsere Namen damit anfangen."
„Genau", stimmt Franzi zu.
Ein leises Kichern ertönt.
„Warst du das?", fragt Finn und blickt seine Schwester er-
staunt an.
„Nö, ich dachte, du ..."
Wieder erklingt das helle, fröhliche Lachen.
„Das kommt aus deiner Fibel, Franzi!", ruft Finn und zeigt auf
das Leselernbuch. „Sieh nur!"
Der Buchdeckel schimmert sanft, bevor sich ein kleines Wesen
mit schillernden Flügeln zwischen den Seiten hervorquetscht.
Mit einem leisen „Ffft" flutscht es schließlich auf den Tisch.
„Funkelfleck und Fliegendreck", keucht es. „Sich aus diesem
Buch zu befreien, ist furchtbar mühsam. Warum schlägt es denn
niemand auf?"
Die beiden Kinder antworten nicht und starren das Geschöpf
fassungslos an.
Franzi findet zuerst ihre Stimme wieder und fragt schüchtern:
„Wer bist du?"
Federleicht erhebt sich das Wesen in die Luft. Dabei singt es:

Freche Effi Funkelfee
findet jede Spielidee,
fliegt fantastisch, froh und frei,
fragt euch zwei: „Seid ihr dabei?"

„Du bist also eine echte Fee?" Finn sieht Effi skeptisch an.

„Kannst du denn auch zaubern?"

„Nur Sachen, die mit F anfangen. Schließlich bin ich eine *Fffee*", erwidert Effi. Ihr F hört sich an wie das Geräusch bei einer Luftpumpe.

„Und was für Spielideen findest du so?", möchte Franzi wissen.

„Äh ..." Die Fee wird auf einmal verlegen. „Ich dachte, ich könnte vielleicht ein paar F-Ideen von euch aufschnappen ..."

„Ideen mit F? Sowas wie ... Fahrrad fahren?", überlegt Franzi.

„Oder Fantasiegeschichten erfinden?"

„Nee, lieber Fußball spielen!", ruft Finn und springt auf. „Oder Fledermäuse erforschen und Füchse fotografieren!"

„Oh, ihr seid fabelhaft!", ruft Effi und wirbelt wie ein Kreisel um die Zwillinge herum. „Jetzt fällt mir auch etwas Schönes für euch ein!" Sie wirft die Hände nach oben. In der einen hält sie plötzlich eine gelbe Glitzerfeder, mit der sie magische Zeichen in die Luft malt. Dabei trällert sie:

„Funkelflamme, Federspitze,
bring uns fix Ideenblitze!
Feenzauber, zeig uns was,
füll den Raum mit Spiel und Spaß!"

Mit großen Augen verfolgen die Geschwister, wie bunte Holzperlen von der Zimmerdecke rieseln und sich in einer Schale sammeln, die auf dem Tisch steht. Ein rundes Wurfgerät formt sich in der Luft und saust wie ein Ufo vorbei.

„He, das kenne ich doch!", ruft Finn fröhlich und deutet auf ein Papierflugzeug, das quer durch den Raum schwebt. „Flieger zu falten, macht unheimlich viel Spaß!"

Seine Schwester zeigt auf die Fingerfarben, die vor ihr sichtbar werden.

„Also ich würde jetzt lieber Fingertiere malen!"
Schon sind die beiden Kinder eifrig dabei.
Sie basteln, zeichnen und fädeln. Effi lächelt vergnügt.
Sie flüstert: *„Fidibus verschwindibus ..."*,
und flattert lautlos zurück ins Lesebuch.

Hast du Lust, wie Franzi Fingertiere
zu malen?
Wie wär's mit ein paar Tieren
mit F/f im Namen?
Bestimmt findest du einige
in diesem Buch.

33

G wie Giraffe

Greta Giraffe feiert Geburtstag

von Alice Schubert und Ann-Kathrin Gross

Heute ist ein ganz besonderer Tag, denn Greta Giraffe feiert Geburtstag. Sie hat ihre Freunde zu einem Gartenfest eingeladen und alles festlich in ihrer Lieblingsfarbe Gelb dekoriert. Die Gummibäume sind mit honiggelben Girlanden umwickelt, die Tische schmücken Tischdecken mit Sonnenblumenmuster, und in der Gießkanne stehen Glockenblumen und Margeriten. Sogar Opa Gustafs Glatze ziert eine Krone aus goldgelben Maiskolben.
Da klingelt es an der Tür. Greta stürmt zum Eingang und begrüßt freudig ihre Gäste. Wer ist gekommen? Wer hat was mitgebracht?

Gabi Gnu bringt Gewürzgurken mit.

Gonzo Gorilla zieht einen Bollerwagen mit kühlen Getränken hinter sich her.

Aus Graugans Glorias Korb duftet es nach Grünkohlsuppe.

Geier Gafur und Papagei Georg haben Götterspeise gekauft.

Grizzlybär Gert zaubert zitronengelbe Gummibären aus seiner Hosentasche hervor.

Gecko Günther hat Grünen Tee aufgebrüht.

Zusammen mit dem Grießbrei von Greta gibt es ein richtiges Festessen.

Als alles aufgefuttert ist, wird gespielt und getanzt.

g

Beim Gurgel-Wettbewerb singen alle mit. Papagei Georg gurgelt eine glockenhelle Melodie, und Gabi Gnu spielt gut gelaunt Gitarre dazu. Grizzlybär Gert schmettert *Grün, grün, grün sind alle meine Kleider*, und wird zum Sieger gekürt. Er bekommt gelb gepunktete Luftballons als Preis. Danach geht's beim Gummistiefel-Tanz im Gänsemarsch um die Tische herum, weiter zum Gewächshaus, um den Gartenteich und wieder zurück. Das macht allen riesengroßen Spaß!

Als am Abend die Sterne am Himmelszelt glitzern, sitzen die Freunde am Lagerfeuer und grillen Würstchen. Dabei erzählen sie sich schaurige Gruselgeschichten.
„Lasst uns ein Gruppenbild machen", schlägt Greta vor. Opa Gustav ist kamerascheu und will nicht mit aufs Bild. Alle anderen Gäste drängen sich dicht an dicht.

Ein paar Glühwürmchen huschen glucksend über die Wiese. Dann drückt Greta auf den Auslöser und muss sich beeilen, damit auch sie es auf das Bild schafft.

Was für ein schöner Tag, denkt Greta am nächsten Morgen und sieht sich das Foto genauer an. Aber Moment mal: Da hat sich doch jemand mit aufs Bild geschmuggelt, der gar nicht auf der Gästeliste stand!

Wer ist es?

Lösung: Es ist ein Goldhamster.

H wie Hase

Haus Herrlichbunt

von Anja Schenk und Marie Braner

Hallo und willkommen in der Hubertusstraße 8! Hier wimmelt es nur so von Wörtern, die mit dem Buchstaben H/h beginnen. Sogar einige Tiere toben hier herum, die das H als Anfangsbuchstaben haben. Findest du sie alle?

In der Hubertusstraße 8 steht ein herrlich buntes Haus. Darin wohnen viele verschiedene Leute.

Eine von ihnen ist die hellblonde Henriette. Sie ist immer höflich und spielt häufig Harfe.

Hakim und Hila sind gestern eingezogen und packen erst mal ihren Koffer aus. Hakim zieht seine Hosen und Hemden heraus, während Hila nach ihrer Haarbürste sucht.

Ihr Nachbar, der hagere Opa Heinz, wohnt hier mit seinem Hund. Hanno bellt oft, ist aber harmlos.

Die herzliche Frau Hille hilft Opa Heinz im Haushalt. Sie rührt am Herd in einem hohen Topf und kocht einen hervorragenden Festtagsschmaus.

Hatschi! Hella löffelt Hühnersuppe. Sie ist heiser und hat Husten. Hoffentlich ist ihr Hals schnell wieder heil, denkt Oma Hedwig. Sie häkelt einen hübschen Schal für Hella.

Wer hämmert denn da? Es ist Henning, der will später mal Handwerker werden.

h

Hereinspaziert!

Helene und Hannes heiraten heute. Sie feiern ein himmlisches Hochzeitsfest. Hoch lebe das Hochzeitspaar!

Von irgendwoher hört Helga ihr Handy bimmeln. Sie hängt ihre Handtasche hektisch an den Haken.

Hauke freut sich auf seine Halloweenparty und hampelt schon hibbelig wie hundert Hornissen.

Zur gleichen Zeit schwitzt Hitzkopf Henry über seinen Hausaufgaben. Doch mit der Handschrift im Heft hapert es, und so schleicht er sich heimlich zur Haustür hinaus.

Draußen im Hof spielt Hannah. Sie hält ihrem Hasen eine Möhre hin. Doch Harry hoppelt hastig unter die Hecke.

Auf der Straße stehen die Autos hintereinander im Stau. Jemand haut heftig auf die Hupe. Am Himmel kreist hörbar ein Hubschrauber. Was für ein Höllenlärm!

Hilfe, so viel Arbeit! Hausmeister Herbert holt seine Axt. Die braucht er zum Holzhacken.

Eine kleine Hummel huscht über die Fußmatte mit der Aufschrift *Hereinspaziert!*

Hast du gesehen, wo sie hingeflogen ist?

Lösungen: In der Hubertusstraße wohnen Hamster, Hase, Henne, Hummel, Hund.
Die Hummel fliegt links über dem Baum.

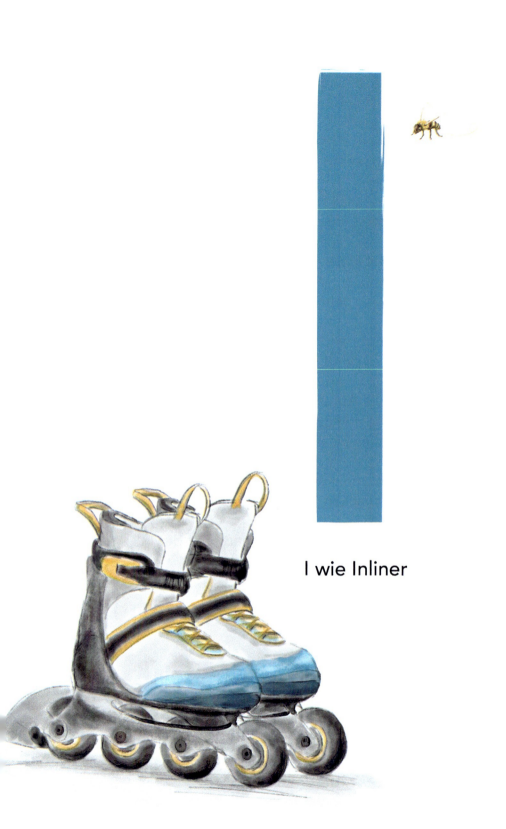

I wie Inliner

Ist das eklig!

von Melanie Quéré und Stella Chitzos

*Kennst du das I? Das ist der Buchstabe, den man
ganz laut in die Welt hinausruft, wenn man sich ekelt.
Probier es mal aus:
„Iiiiiiiiiiiiiii!"
Du wirst das I brauchen, denn jetzt kommt ein
ekliges Gedicht. Los geht's!*

Hallihallo, ich grüße dich,
auf einer Biene reite ich
und trage auch nur einen Schuh,
ich bin ein Koboldkind, und du?

Bin frech und schmutzig mit Bedacht,
auch kann ich hexen, gib gut acht!
Kann Tränke brauen, Blödsinn machen,
verwandle dich in viele Sachen.

Ich werde einen Zauber mischen,
höre schon die Flammen zischen.
Eklig wird's mit Sicherheit,
jetzt frag' ich dich: Bist du bereit?

Als Erstes Würmersaft eingießen,
kräftig in die Suppe niesen.
Vom Käferauge nimm ruhig zwei,
und misch auch Warzen in den Brei.

Iiiiiiiiiiiiiii!

Hinter deinem linken Ohr,
kratz doch mal den Staub hervor.
Schneckenschleim und Rosenkohl,
das bekommt der Mischung wohl.
Iiiiiiiiiiiiiii!

Die Stinkesocke kocht im Nu,
wenn es jetzt riecht, dann Nase zu!
Krötenpups und Fliegenbein,
findest du das auch so fein?
Iiiiiiiiiiiiiii!

Wo ist die Popelschokolade?
Aufgegessen – ach wie schade!
Was auch gut schmeckt, du glaubst es nie,
ist 'ne Portion Radiergummi.
Iiiiiiiiiiiiiii!

Dreimal rühren, ganz genau,
oh sieh doch nur, der Trank wird blau!
Mit Spinnenspucke schön verzieren,
jetzt musst du unbedingt probieren!
Iiiiiiiiiiiiiii!

Na gut, ich koste für dich vor.
Glubschaugen auf und spitz dein Ohr,
denn was da kommt im Zauberschein,
wird fürchterlich und eklig sein.

Iriwiriliribur!
Ich bin verwandelt, sieh doch nur!
Was kann das sein? Das glaub ich nie,
und es beginnt mit einem …
Iiiiiiiiiiiiiii!

Lösung: Der Kobold verwandelt sich in einen Igel.

J wie Jongleur

Janna sagt Ja

von Annika Hofmann und Alisa Fröhlich

„Wie wär's mit einer Fahrradtour?", fragt Mama.
„Nein", sagt Janna.
„Möchtest du mit Lotte spielen?"
„Nein, nein", sagt Janna.
„Mal doch mal ein Bild für Opa!"
„Nein, nein, nein!"
Janna schaut aus dem Fenster. Auf dem Rasen hüpfen zwei kleine Vögel und sammeln Zweige. Mama wird langsam ungeduldig.
„Wollen wir in die Stadt gehen und dir ein Buch kaufen?"
„Vielleicht morgen", sagt Janna.
„Wir können auch ein Eis essen gehen."
„Keine Lust", sagt Janna.
Mama hat genug. Sie zieht sich einfach ihre Schuhe und ihre Jacke an und öffnet mit Schwung die Haustür.
„Also ich gehe jetzt auf den Jahrmarkt."
„Oh, da will ich aber mit!", ruft Janna plötzlich und läuft schon mal in Socken nach draußen.

Auf dem Jahrmarkt angekommen, erblickt Janna zuerst das Jahrhundert-Riesenrad.
„Wow, das ist echt groß!", staunt sie. „Können wir mitfahren? Bitte, bitte!"
„Nein, lieber später", sagt Mama. „Gerade habe ich Lust auf eine Jumbo-Tüte Popcorn."
„Na gut", sagt Janna.
Nachdem beide eine Weile dem jodelnden Jongleur zugesehen haben, fragt Janna ein zweites Mal: „Können wir jetzt mit dem Jahrhundert-Riesenrad fahren?"

j

47

„Nein, ich glaube, ich habe zu viel Popcorn gegessen", stöhnt Mama. Janna stöhnt auch, aber nicht, weil sie zu viel Popcorn gegessen hat.

„Den ganzen Tag soll ich etwas machen. Fahrradfahren, mit Lotte spielen, ein Bild malen. Und jetzt will ich mit dem Jahrhundert-Riesenrad fahren, und immer sagst du Nein."

Mama überlegt kurz.

„Du hast recht. Wir haben oft genug Nein gesagt. Lass uns sofort mit dem Riesenrad fahren!"

Von oben sieht die Welt ganz anders aus, findet Janna. Sie entdeckt die Achterbahn *Jagender Jaguar* und jede Menge Karussells. Mama ist auch ziemlich aufgeregt. Es ist schon lange her, dass sie mit einem Riesenrad gefahren ist. Janna grinst bis über beide Ohren.

„Was grinst du denn so?", fragt Mama. „Freust du dich, dass wir mit dem Riesenrad fahren?"

„Auch", sagt Janna. „Aber mir ist gerade noch etwas aufgefallen."

„Was denn?", fragt Mama neugierig.

„Jahrhundert-Riesenrad, Jagender Jaguar, jodelnder Jongleur, Jahrmarkt. Alle guten Dinge beginnen mit J!"

„So wie Janna", lacht Mama.

„Ja", sagt Janna, „so wie Janna."

Jannas Mama trägt zwei Kleidungstücke, die jeweils mit dem Buchstaben J beginnen. Wie heißen sie?

K wie Känguru

Wer kuschelt mit mir?

von Jan Ludwig und Inga Knoff

Kati, die kleine Kuschelmaus, wohnt in einem Kürbis. Jeden Morgen kocht sie sich einen Kamillentee und knabbert Kekse. So gestärkt kritzelt sie lustige Kuscheltiere auf Kartons.
Doch heute hat Kati keine Lust dazu. Sie kriecht in ihr Bett zurück und zieht sich die Decke über beide Ohren.
Durch ein kreisrundes Fenster späht ihr Nachbar, der Kolibri:
„Du liegst ja noch im Bett, Kati. Bist du krank?"
„Ich bin traurig, weil ich kein Kuscheltier habe", erwidert die kleine Maus.
„Dann such dir doch jemanden zum Kuscheln", schlägt der Kolibri vor. „Ich habe leider keine Zeit, ich muss zum Kunstfliegen."
Warum eigentlich nicht?, denkt Kati. Sie packt etwas Käse und Kuchen in ihren kastanienbraunen Koffer und macht sich auf den Weg. Als sie aus der Tür tritt, hopst die Kängurumutter Karlotta an ihr vorbei. „Hey Kati, wo willst du denn hin?"
„Ich suche jemanden zum Kuscheln. Ist in deinem Beutel noch Platz für mich?", fragt die kleine Maus.
Das Baby-Känguru Kurt streckt den Kopf aus dem Beutel und kreischt: „Krrrrr! Krrrr!"
„Leider schon besetzt!", ruft Karlotta und hüpft davon.
Mit hängendem Kopf tippelt Kati weiter. Unter einem Kirschbaum macht sie Halt. In der Baumkrone sitzt der Kakadu Kai und knackt Kerne.
„Sag mal, lieber Kakadu", fragt die kleine Maus, „willst du mein Kuscheltier sein?"
„Du kannst doch nicht fliegen", krächzt Kai und flattert davon.
„Will denn niemand mit mir kuscheln?", klagt Kati, als plötzlich ein lautes Schnarchen ertönt. Auf einer kornblumenblauen Decke schlummert Konstanze, die Katze.

k

Die kleine Maus nimmt all ihren Mut zusammen. Sie schleicht bis
zur Decke und zupft daran.
Konstanze erwacht und faucht. „Wieso weckst du mich?"
„Wollen wir zusammen kuscheln?", fragt Kati mit klopfendem Herzen.
Konstanze wedelt mit dem Schwanz. „Katz' und Maus, wie soll das
gehen?"
„Ach, lass es uns doch probieren, liebe Katze!"
Zögerlich willigt Konstanze ein.

Am nächsten Tag besucht sie Kati in ihrem Mäusehaus.
Konstanze zieht den Bauch ein, und Kati schiebt
solange von hinten, bis die dicke Katze durch das
Mauseloch passt. Zur Stärkung kocht Kati eine
kräftige Kartoffelsuppe.
„Lecker!", ruft Konstanze und schlürft die
köstliche Suppe.
Nun ist Spielezeit im Mäusehaus.

Gemeinsam knobeln sie, lösen Kreuzworträtsel und erfinden neue
Kartenspiele. Dazu trinken die beiden so viel Kakao, dass sie davon
einen Kakaobart bekommen.
„Und was machen wir morgen?", fragt Kati.
„Ich will ins Kino!", rufen beide gleichzeitig. Sie kichern, bis der
Kugelmond zum Fenster hereinschaut und
den beiden einen dicken Gutenachtkuss
gibt. Glücklich und zufrieden schläft
Kati ein. Endlich hat sie eine Kuschel-
freundin gefunden.

*Wie heißt eigentlich dein
Kuscheltier?*

L wie Löwenzahn

Löwenzahn und Kleiner Luchs

von Susann Obando Amendt und Michaela Solf-Dehnert

Wo Großstadthäuser überwiegen,
will Fantasie noch höher fliegen.
Aus Steingrau wird Indianerland,
mit Zaubern, welche kaum bekannt.
Klar gibt's hier keine Büffel-Stiere,
doch kunterbunte Auto-Tiere.
Silbermustangs traben munter
die Fahrradwege rauf und runter.
Von alledem ganz angetan
sind Kleiner Luchs und Löwenzahn.

Als Stadt-Indianer schleichen sie
mit Federschmuck durch die Prärie.
Im Hochhaus, da sind sie daheim,
und nach der Schule oft allein.
Weil Mama bei der Arbeit ist
und viel zu oft die Zeit vergisst.
Schimpft Nachbar Lars mal mit Frau Schleife,
hol'n die zwei die Friedenspfeife.
Der Groll der Großen schwindet flugs
dank Löwenzahn und Kleiner Luchs.

Heut' Abend, es ist kurz vor acht,
hat Mama etwas mitgebracht:
ein großes Indianerzelt,
das hat im Innenhof gefehlt.
Beim Aufbau packen auch sodann
Herr Lars, Frau Schleife flink mit an,
bis hinter jenem Hochhausgipfel
bei Sonnenschein und Wolkenzipfel
ein Tipi steht, rot wie ein Fuchs,
für Löwenzahn und Kleiner Luchs.

Die Nachbarn strömen aus dem Haus
schnell in den grauen Hof hinaus.
Sie bringen Würstchen, Limo, Decken
und Kuchen, die ganz herrlich schmecken.
Es tanzt zur Trommel – tamm tamm tamm –
der Hochhaus-Indianer-Stamm.
Es wird gesungen und gelacht
bis spät hinein in diese Nacht.
„Und morgen gibt's 'nen neuen Plan",
ruft Kleiner Luchs zu Löwenzahn.

Wie würdest du als Indianer heißen?
Kommt in deinem Indianer-Namen
ein L/l vor? Oder vielleicht in deinem
richtigen Namen?

Mögliche Indianernamen: Lustige Lerche
oder Häuptling Langer Lulatsch

M wie Meerschweinchen

Streng geheim!

von Susanne Benk und Eva Künzel

Matrose Mario geht an Bord des Schiffes *Meeresschaum*.
Hier wird er die nächsten drei Monate arbeiten und
wohnen. Kapitän Mutzelmeier empfängt ihn mit einem
musternden Blick.
„Was hast du denn alles in deiner Reisetasche?", fragt er.
„Warme Strümpfe, ein Märchenbuch und meinen MP3-
Player", zählt Mario auf und huscht in seine Kabine. Ihm
ist ein bisschen mulmig zumute, denn er hat etwas an
Bord geschmuggelt, das dort verboten ist.
Als das Schiff aus dem Hamburger Hafen ausläuft, öffnet
Mario behutsam seine Tasche.
Genau in dem Moment ruft der Kapitän: „Wo ist meine
Mannschaft?"
Hastig stürmt der Matrose an Deck. Dabei vergisst er,
seine Tasche wieder zu schließen. Zuerst raschelt es nur,
doch plötzlich lugt ein wuscheliger Kopf hervor. Meer-
schweinchendame Selma purzelt auf die Bettdecke und
lässt sich an einem Zipfel auf den Boden gleiten. Sofort
bemerkt sie, dass Mario die Kabinentür nicht zugezogen
hat und flitzt hinaus auf den Flur. Von Weitem hört sie eine
lustige Melodie. Jemand summt. Es ist Karim, der Koch.
Er steht mit dem Messer in der Kombüse und bereitet das
Mittagessen vor.
„Mmmh, scharfe Möhrensuppe", murmelt Karim. „Und
zum Dessert gibt es Mandarinenkompott."
Selma tippelt weiter an Deck.
„Von hier unten kann ich ja gar nichts sehen", sagt sie
und linst zum Schiffsmast hinauf.

Auf einmal hört sie eine Stimme ganz schnell sprechen: „Immer mittwochs macht Rumpel mit Musik müde Matrosen munter."

„Aber heute ist doch Dienstag", ruft Selma, als eine Möwe vom Mast hinabsegelt und auf der Reling landet.

„Dann gilt das eben erst morgen", kichert Möwe Rumpel und winkt Selma zu sich.

„Ich kann leider nicht fliegen."

„Aber klettern kannste doch", sagt Rumpel und zeigt mit dem Schnabel auf einen Stapel Gemüsekisten.

Fünf Klimmzüge später balanciert Selma über die schmale Reling. Bei der Möwe angekommen, richtet sie ihren Blick das erste Mal auf das schimmernd blaue Meer.

„Mannomann", staunt Selma und genießt die frische Meeresluft. Zumindest so lange, bis Rumpel wieder zu plappern anfängt.

„Kennste den schon? Um Mitternacht trommelt Marionettenspielerin Molly auf Madeira den Megahit Mamma Mia."

„Die Insel Madeira ist unser Reiseziel", sagt Selma.

„Genau. Und das bedeutet: Wir beide haben noch genügend Zeit, um uns jede Menge Zungenbrecher auszudenken", freut sich Rumpel. „Probier du mal!"

Mögliche Lösung: „Manchmal schäumt der Meeresschaum minutenlang am Montagmorgen."

Selma rümpft die Nase. Aber dann versucht sie es doch:
„Motte Moni mopst Mücke Mirabella bei Vollmond
Mohnblumensamen vom Mohnbrötchen."
„Nicht schlecht für 'ne Landratte."
„Hey, ich bin ein Meerschweinchen. Und in drei Monaten
bin ich ein Zungenbrecher-Weltmeistermeerschwein-
chen."
„Abgemacht, aber nur, wenn du für mich einen Zungen-
brecher erfindest, der die Worte *minutenlang*, *manchmal*,
Montagmorgen und *Meeresschaum* enthält."

*Hilf Selma, diesen Zungenbrecher für Rumpel
zusammenzubasteln!*

N wie Nixe

Nina und die Nörgelnatter

von Martin Ebbertz und Alisa Fröhlich

Neulich war Nina ganz schön neidisch. Ihre Schwester
Anna hatte was Spannendes geträumt. Tolle Abenteuer,
angeblich. Und Nina? Nichts! Oder fast nichts. Im Traum
hatte Nina Schäfchen gezählt. Nee, oh nee, wie langwei-
lig! Nun aber wollte auch sie was noch nie da gewesenes
Neues träumen. Ein außergewöhnliches Abenteuer!
Am Abend schlief Nina sofort ein. Nach nur einer Minute
flog eine Nachtigall auf ihr Bett.
„Was wünschst du dir?", fragte die Nachtigall.
„Ich möchte ein Abenteuer erleben!", rief Nina.
„Na, na, na!", sagte die Nachtigall. „Da wird nichts draus.
Ich kann dir heute nur noch ein Nebenteuer anbieten. Die
Abenteuer sind schon alle vergeben. Wer früher zu Bett
geht, hat natürlich mehr Auswahl."
„Na so was", staunte Nina. „Dann nehme ich das Neben-
teuer."
„Bitte schön!", trällerte die Nachtigall und warf Nina
etwas zu. „Nimm ein Nachthemd mit. Das kann man im-
mer brauchen!", sagte die Nachtigall und verschwand so
schnell, wie sie gekommen war.
„Ich habe doch schon ein Nachthemd an", wunderte sich
Nina und legte es sich trotzdem über die Schulter.
Kaum aus dem Bett gehüpft, ging Nina durch einen dich-
ten Nebel.
Plötzlich hörte sie ein Zischen, und eine Stimme rief:
„Kannst du nicht aufpassen? Fast wärst du auf mich drauf-
getreten!"
Nina entdeckte eine grüne Schlange vor ihren Füßen.
„Entschuldigung", sagte Nina. „Ich wollte dich nicht
erschrecken."

n

„Hast du aber", schimpfte die Schlange. „Übrigens ist es kalt hier und dunkel, und es nieselt!" Die Schlange war eine Nörgelnatter. Sie warf einen Blick auf Nina. „Du hast Löcher in den Socken, und ich möchte wetten, dein Zimmer ist nicht aufgeräumt!"

„Die Wette hast du gewonnen", antwortete Nina. „Kannst du mir bitte sagen, wie man aus dem Nebel wieder rauskommt?" Die Nörgelnatter wurde leicht rot, denn noch nie hatte jemand sie um Rat gefragt.

„Was für eine nervige Frage", nörgelte sie trotzdem. „Den Nebel macht die Nebelnixe. Er dampft ihr direkt aus den Nasenlöchern."

Tatsächlich. Wenn man genau hinschaute, waren die Umrisse der Nebelnixe zu erkennen.

„Was können wir tun?", fragte Nina.

„Alles muss man dir erklären", schimpfte die Nörgelnatter. Aber zugleich war sie geschmeichelt, denn nun wurde sie schon wieder um Rat gebeten. „Wir brauchen ein Tuch", murmelte sie.

Lösung: Flaschenpost, grüner Schwimmreifen, Wanne mit Nilpferd, goldene Königskrone, Nasenfahrrad (anderes Wort für Brille)

„Ich habe dieses Nachthemd hier", sagte Nina und warf es der Nebelnixe wagemutig über den Kopf.

Es zischte, der Nebel verschwand, der Mond erhellte einen glitzernden See – und vor Nina saß eine junge Dame mit einem Fischschwanz. Die Nebelnixe hatte sich in eine Wassernixe verwandelt!

„Danke", flüsterte die Wassernixe. „Du hast mich erlöst!"

Vor Freude sprang sie in den See – und Nina hinterher. Beide schwammen und planschten im Wasser, bis der Tag anbrach, und die Sonne versuchte, sie wachzukitzeln.

„Nein, noch nicht", murmelte Nina und zog sich die Bettdecke über den Kopf. In der Ferne war die Stimme der Nörgelnatter zu hören.

Aber anstatt zu nörgeln, rief sie: „Nina, komm schnell, das musst du dir unbedingt ansehen!"

Die Nörgelnatter hat fünf Dinge mit N/n im Wasser entdeckt. Welche Dinge sind das?

O wie Otter

Otto Ottersons besonderer Rucksack

von Melissa Bruder und Mara Oppenberg

Professor Otto Otterson ist Erfinder und wohnt hoch oben auf einem Berg. Am liebsten bastelt er in seiner Werkstatt und tüftelt an neuen Maschinen. Heute möchte Otto hinunter ins Dorf wandern, um seine Großeltern zu besuchen. Sicherheitshalber nimmt er seinen orangenen Rucksack mit, in dem er allerlei Ersatzteile aufbewahrt. Der Rucksack sieht zwar klein aus, aber es passen eine Menge Dinge hinein. Bei Oma und Opa gibt es nämlich immer etwas zu reparieren.

Im Tal ist es kalt, deshalb setzt Otto sich seine Ohrenschützer auf den Kopf und stapft los. Beim Laufen poltert es in seinem Rucksack. Was er alles bei sich hat, weiß Otto gar nicht so genau. Er weiß nur, dass jedes einzelne Ding irgendwann einmal nützlich sein könnte.

Als er hinter der Obstbaumwiese um eine Kurve biegt, sieht er ein Mädchen weinend auf einer Bank sitzen. Neben ihr liegen ein Roller und ein kaputtes Hinterrad. „Es ist beim Fahren einfach zerbrochen", schluchzt das Mädchen.

Otto überlegt nicht lange. Schwungvoll setzt er seinen Rucksack ab und öffnet ihn. Er wühlt und bohrt und bringt alles durcheinander.

„Tadaaa!", ruft Otto und öffnet seine Hand. Darauf liegt ein violettes Osterei.

„Oh, ich glaube, das ist als Ersatzrad zu zerbrechlich", kichert das Mädchen.

Otto wird rot und packt das Ei wieder weg.

„Jetzt aber." Er greift erneut in den Rucksack und zieht nach einer Weile ein Jojo heraus.

Während das Mädchen skeptisch die Stirn runzelt, schraubt Otto das Jojo an den Roller. Dann macht er eine Probefahrt.

„Toll, mein Roller rollt wieder!", jubelt das Mädchen.

„Danke!" Sie hüpft auf das Trittbrett und braust winkend davon.

Fröhlich setzt Otto seine Wanderung fort. Als er durch den Orchideen-Park läuft, begegnet er einer Maus, die traurig ihren Schwanz hinter sich herschleift.

„Was hast du denn, kleine Maus?", fragt Otto besorgt.

„Ich wollte an einem Hula-Hoop-Wettbewerb teilnehmen, aber ich habe zu viel Käsekuchen gegessen und passe nicht mehr durch meinen Reifen!", sagt die Maus und seufzt.

Otto überlegt nicht lange. Schwungvoll setzt er seinen Rucksack ab und öffnet ihn. Er verschwindet mit dem Kopf zwischen zwei Pantoffeln und einer Schwimmflosse.

„Probier den mal", sagt er schließlich und präsentiert der Maus einen goldenen Reifen. „Das ist der Ohrring meiner Freundin Octavia. Sie ist Opernsängerin und gab mir dieses Schmuckstück nach einem Konzert in Oslo", erzählt der Professor.

„Wow! Vielen Dank!", freut sich die Maus und lässt sogleich die Hüften kreisen.

Otto verabschiedet sich und setzt seinen Weg fort. Er
kann schon das Haus seiner Großeltern sehen. Voller
Vorfreude läuft er schneller, bis ihn etwas stolpern lässt.
„Wer hat den denn verloren?", fragt Otto und schaut auf
den Holzlöffel, der vor ihm auf dem Boden liegt. Als sich
niemand meldet, stopft er den Löffel in seinen Rucksack.
„Wozu könnte ich dich wohl gebrauchen?", überlegt er.
Da öffnet seine Oma die Haustür und ruft: „Hallo Otto!
Ich habe Schokoladenpudding gemacht!"

Welche Dinge in deinem Wohnzimmer sind so rund wie
ein O? Oder guck doch mal aus dem Fenster, was ist dort
alles rund?

P wie Prinzessin

Prinzessin Pia
und die sieben Perlen

von Susanne Benk und Eva Künzel

Prinzessin Pia hüpfte vergnügt durch den Palast. Eigentlich sollte sie ihre 557 Pullover zusammenlegen, den Teppich saugen und ihr Zimmer putzen. Aber dafür war später auch noch Zeit.

Sie hüpfte hinaus in den prächtigen Palastgarten, um etwas auszuprobieren, das sie bei Paul, dem Postboten, gesehen hatte.

„Wie hieß das nochmal?" Pia kratzte sich am Kopf. „Purzelplumps? Polterlooping?" Mit Blick auf den Pfirsichbaum fiel es ihr wieder ein.

„Ich will einen Purzelbaum machen", sagte sie, rannte auf die Wiese und purzelte durch unzählige Pusteblumen. Die Schirmchen wirbelten auf und Pia wurde immer schneller.

Doch plötzlich blieb sie mit dem Daumen in ihrer Perlenkette hängen. Die Kette riss und alle sieben Perlen kullerten davon. Da der Palast von Prinzessin Pia und ihrem Papa, König Poldi, auf einem Hügel stand, rollten die Perlen unaufhaltsam Richtung Kleinpottewitz.

In ihrer Not pfiff Pia ihr Pony Paletti herbei.

„Wir müssen meine Perlen finden!", rief sie dem Pony zu und sprang auf seinen Rücken. Schnell wie ein Pfeil sausten die beiden los.

Vor Kleinpottewitz kam noch der Pappel-Park. Doch hier war von den Perlen weit und breit nichts zu sehen. Paletti hatte Durst, also stoppte er vor einer Pfütze und trank sie komplett leer.

p

„Du bist eine richtige Spürnase!", rief Pia auf einmal, denn im Pfützenmatsch lagen drei ihrer Perlen. Paletti hob die Perlen mit dem Maul auf, putzte sie mit seiner Ponyspucke und über- reichte sie der Prinzessin.

„Prima", sagte Pia und die beiden galoppierten weiter.

Im Netz einer Spinne erspähte Paletti die Perlen vier und fünf. Pia schnappte sich die Perlen im Vorbeireiten und stopfte sie und die anderen drei in Palettis Satteltasche. Dabei fand sie eine Lupe und ihr Lieblingsparfüm. Das Parfüm nützte ihr gerade nichts, aber die Lupe.

Pia pirschte sich mit Paletti durch ein dichtes Gestrüpp. Leider entdeckte sie hier nur einen Knopf und einen Fliegenpilz. Doch halt! Einer der hellen Tupfen auf dem Fliegenpilz sah anders aus. Pia sprang von Paletti.

„Potzblitz!", rief sie und hielt die sechste Perle in die Höhe.
Die wichtigste Perle fehlte allerdings noch: die Purpurperle.
Die hatte Papa ihr aus Persien mitgebracht. Pia kletterte auf
Palettis Rücken und preschte nach Kleinpottewitz.
Ausgerechnet jetzt begann es zu regnen. Die Pflastersteine im
Dorf wurden durch den Regen so glatt, dass Paletti ins Rutschen
geriet. Er versuchte zu bremsen. Doch zu spät! Mit einem
PLONG polterte er gegen einen Gartenzaun. Pia hob es aus
dem Sattel. Sie flog über den Zaun und landete auf einem
Komposthaufen.
„Hier stinkt's!", schimpfte sie. „Und mein Po tut so weh, als
würde ich auf einer Erbse sitzen." Pia pulte im Komposthaufen
herum und zog plötzlich die Purpurperle hervor.
„Jippie!", rief sie und machte sich mit Paletti auf den Heimweg.
Fröhlich sang Pia: „Ich bin ein Pfi-Pfa-Pfiffikus, der heute nichts
mehr machen muss!", bis ihr abrupt wieder einfiel, dass sie
doch noch etwas erledigen musste.

Welche drei Aufgaben hat Pia auf später verschoben?
Dir purzelt die Antwort nicht gleich aus dem Kopf?
Dann lass dir die Geschichte einfach nochmal vorlesen!

Lösung: Pia muss noch 557 Pullover zusammenlegen,
den Teppich saugen und ihr Zimmer putzen.

Q wie Querstreifen

Ein neuer Freund

von Marit Bernson und Stella Chitzos

Der Dachs blieb stehen. Da war etwas. Seine Dachsohren hörten es genau. Neugierig sah er sich um, den Feldweg zurück und wieder nach vorn. Das Geräusch kam von rechts aus dem Wald. Auf leisen Sohlen verließ er den Weg und folgte seinem Gehör durch die Büsche. Das Geräusch wurde immer lauter. Jetzt erkannte er, dass es ein Schluchzen war. Vorsichtig umrundete er einen alten, knorrigen Quittenbaum – dahinter saß an den Stamm gelehnt ein Wesen. Was es war, wusste der Dachs nicht. Es hatte lila Fell und eine lange orangefarbene Nase. Und es schniefte.

„Einen schönen Tag wünsche ich!", sagte der Dachs. „Geht es dir nicht gut?"

Das Wesen zuckte mit den Schultern.

„Ich habe dich hier noch nie gesehen." Der Dachs rieb sich das Kinn. „Bist du neu in der Gegend?"

Als das Wesen ihm nicht antwortete, setzte er sich in einigem Abstand hin und wartete.

„Die anderen in der Schule haben mich geärgert", wisperte das Wesen schließlich. „Sie haben über meinen Namen gelacht."

„Das ist aber nicht nett", erwiderte der Dachs. „Wie heißt du denn?"

„Quatilda", jammerte das Wesen. „Quatilda Quasselius."

„Was für ein hübscher und seltener Name."

„Ein doofer Name. Meine Schwester heißt Quentina und mein Bruder Quartin. Blödes Q!"

Der Dachs legte den Kopf schief. „Ich finde, das Q ist ein ganz besonderer Buchstabe. Denn er hat etwas, was sonst keiner hat."

q

Quatilda sah ihn zweifelnd an.
„Doch. Wirklich. Er ist nie allein, er hat immer das
U dabei."
„Dann brauche ich einen Freund, dessen Name
mit U beginnt", sagte Quatilda, und der Dachs
schmunzelte.
„Mein Name ist Ulli." Er streckte ihr die Hand hin.
„Ich bin das U zu deinem Q."
„Und was machen wir als Q und U zusammen?",
fragte Quatilda und schüttelte seine Hand.

„Mal überlegen! Viele schöne Dinge beginnen mit Q. Zum Bei-
spiel Quatsch."
Quatilda lächelte. „Oh ja! Quatsch mache ich immer mit meiner
Schwester."
„Und quasselst du auch gerne?"
Quatilda seufzte. „Quasselstrippe haben sie in der Schule
gesagt. Quasselius würde wie Quasselstrippe klingen."
„Quasseln ist doch was Tolles. Mit einem Freund auf der
Wiese, während man die Wolken anschaut."
Quatilda wackelte mit dem Kopf. „Es gibt aber auch blöde
Sachen mit Q. Nämlich Quetschen. Ich habe mir mal die Hand
in einer Tür gequetscht."
„Autsch! Das hat bestimmt wehgetan." Ulli hob die Augen-
brauen. „Hast du schon mal Saft gequetscht, aus einer Quitte
zum Beispiel? Das ist doch was Gutes."
Darüber musste Quatilda lachen. Die beiden saßen eine Wei-
le beisammen und fanden noch viel mehr Wörter, die mit Q
beginnen.

Kannst du erraten, welche das waren?

Das schmeckt lecker auf dunklem Brot, man kann es sich aber
auch als Schönheitsmaske aufs Gesicht schmieren.

— — — — — —

Es lebt im Meer, ist glibberig und manchmal brennt es, wenn
man eine berührt.

— — — — — —

So nennt man ein Viereck mit gleich langen Seiten.

— — — — — — —

Lösungen: Quark, Qualle, Quadrat

R wie Rotkehlchen

Wenn Regentropfen niesen

von Regine Umbach und Christiane Brandt

„Guck mal, Ida, das Wetter ist ganz durcheinander", ruft Ben. Seine große Schwester kommt angelaufen, und gemeinsam schauen sie aus dem Fenster. Die Sonne scheint hell auf den Asphalt, sodass die Luft flirrt, während dicke Regentropfen an die Scheibe klopfen. Ida reckt den Hals und stellt sich auf die Zehenspitzen, als würde sie etwas am Himmel suchen. Dann schüttelt sie den Kopf.

„Hier kann man ihn gar nicht sehen", sagt sie und zieht ihren Bruder am Ärmel durch den Flur bis ins Wohnzimmer. Schon von der Tür aus entdeckt Ben den großen bunten Bogen, der sich über den Himmel spannt. An einem Ende berühren seine Farben die Spitzen von Bens Kletterapfelbaum. Das andere Ende versteckt sich hinter Idas Schule, deren rote Dachspitze man vom Fenster aus gerade noch erkennen kann.

„Immer, wenn ein Sonnenstrahl einen Regentropfen kitzelt, niest er Regenbogenfarben", erklärt Ida.

Ben kraust die Nase. „Alle sieben Farben auf einmal?"

Ida nickt. „Ja, genau! Aber nicht so langweilig wie rot, orange, gelb, grün oder so. Alle Farben fangen mit r an, wie der Regen-bogen."

„Rosarot", sagt Ben, doch Ida schüttelt energisch den Kopf.

„Nee, das ist zu einfach!"

„Rotzigrot!", versucht es Ben noch einmal und beide lachen.

„Richtig so!" Ida nickt.

„Rübenorange!"

„Rühreigelb!"

„Rasengrün!"

„Radiergummiblau!", rufen Ida und Ben abwechselnd.

„Rollerindigo", sagt Ida.

r

79

„Was soll das denn sein? Das ist doch keine Farbe!" Ben tippt sich mit dem Finger an die Stirn.

„Doch, Indigo." Ida ist sich ganz sicher. „Irgendetwas zwischen Blau und Lila. Wie dein Roller."

Als Ben Räubermützenviolett rufen will, verblasst der Regenbogen, und dunkle Wolken schieben sich vor die Sonne.

„Och …", sagt Ben enttäuscht. „Gerade hat es angefangen, Spaß zu machen."

„Komm, wir malen dafür einen großen Regenbogen auf die Tapete!", schlägt Ida vor und zupft ihren Bruder am Ärmel.

Ben sieht sie mit großen Augen an. „Auf die neue Tapete?"

„Nein, auf die Tapetenreste." Ruck, zuck ist Ida unterwegs in den Keller und stampft kurze Zeit später beladen mit zwei Rollen wieder die Treppe hinauf.

Ben hält schon die Wachsmalstifte bereit und grinst.

„Mit ganz viel Ringelnudelgelb …"

Welche Farben hätte dein Regenbogen?

S wie Sonnenblume

Wer spielt mit Sabire?

von Johanna Fischer und Aleksis M. Jansen

Auf einmal wird es ganz still in der 2b. Frau Schönhofer kommt mit einem fremden Mädchen ins Klassenzimmer.
„Guten Morgen", ruft Frau Schönhofer gut gelaunt.
„Guten Morgen, Frau Schönhofer", kommt es verschlafen im Chor zurück.
„Ich möchte euch Sabire vorstellen. Sie kommt aus Syrien", erzählt die Lehrerin. „Im Moment herrscht dort ein furchtbarer Krieg, und Sabire musste mit ihrer Familie fliehen. Ein bisschen Deutsch kann sie schon. Am besten, du setzt dich neben Sophie."
Frau Schönhofer schiebt Sabire sanft in Richtung Tisch. Damit sie sich setzen kann, zieht Sophie den leeren Stuhl nach hinten. Dann beginnt der Unterricht. Aber Sophie kann sich einfach nicht konzentrieren. Immer wieder muss sie die neue Mitschülerin anschauen: Ihre langen dunkelbraunen Locken glänzen so schön in der Sonne.
In der großen Pause zeigt Sophie Sabire die Schule. Draußen vor der Ausleih-Ecke bleiben sie stehen.
„Sollen wir uns auch etwas zum Spielen ausleihen?", fragt Sophie. „Vielleicht ein Springseil oder Stelzen, dann sehen wir aus wie zwei Störche?"
Sabires Augen werden größer, als sie etwas Vertrautes erblickt.
„Das!", ruft sie eifrig und tippt mit ihrem Finger auf den roten Springball.
Sophies beste Freundin Stella, die heute Dienst in der Ausleih-Ecke hat, überreicht Sabire wortlos den Ball und verschränkt die Arme.
„Was ist denn los, Stella?", fragt Sophie verdutzt.
„Ich dachte, wir würden zusammen spielen, wenn ich hier fertig bin!", antwortet Stella.

S

„Stimmt!" Sophie macht ein zerknautschtes Gesicht.
„Das ist übrigens Sabire, sie ist neu in unserer Klasse.
Komm doch nachher zu uns rüber, dann spielen wir
zu dritt weiter."
„Vielleicht", murmelt Stella und widmet sich den
anderen Kindern in der Ausleih-Ecke.
„Ich kenne Spiel aus Syrien", sagt Sabire, als sie einen
ruhigen Platz gefunden haben. „Ball darf nur einmal Boden
berühren, dann musst du schnell fangen."
Am Anfang hüpft der Ball noch zögerlich hoch,
aber mit der Zeit werden die beiden mutiger.
Dabei wirbeln die Haare der Mädchen wild
durch die Luft.
Nach einer Weile erblickt Sophie ihre Freundin
Stella, die sich im Schneidersitz an den Stamm
der alten Esche gelehnt hat. Verschwitzt setzen
sich Sophie und Sabire zu ihr.
„Du wolltest doch mitspielen", sagt Sophie.
„Ja, das wollte ich", meint Stella traurig
und zupft ein paar Grashalme vom Boden ab.
„Zu dritt ist auch schön", flüstert Sabire, und ihre
Augen füllen sich mit Tränen. „Meine Freunde in Syrien,
ich vermisse sie."
Stella schluckt.
„Du hast recht", sagt Sophie, „zu dritt ist es auch schön!"
Sie reicht Sabire und Stella ihre Hände und zieht beide wieder
hoch. „Kommt! Dann nichts wie los!"
Stella nickt und schaut zu Sabire. Vorsichtig wischt sie ihr mit dem
Finger eine kleine Kullerträne weg. Sabire lächelt wieder. Und in
ihrem Herzen fühlt es sich an, als würden viele kleine Bälle um die
Wette hüpfen.

*Sabire mag es, wenn sich Sophie in der Pause lange Schlangenworte
ausdenkt. Ihre Lieblingsschlangenworte mit S sind: Sessel-Sammler,
Sonntags-Soßen-Gespenst und Socken-Tauschbörse.*

Fällt dir auch ein lustiges Schlangenwort ein, das mit S beginnt?

T wie Troll

Schabernack im Trollwald

von Tjorven Boderius und Nicola Dehmer

Tatsache: Viele Wörter fangen mit einem T an.
Da staunen auch die Trollkinder Tito Tüffelmacher
und Trulla Trotznäschen, als sie sich ein Rätsel für
Titos Bruder Tosse ausdenken. Tosse möchte den
beiden älteren Trollen beweisen, dass er fürs
Rätselknacken schon groß genug ist. Doch Tito
und Trulla machen es ihm nicht leicht und trampeln,
trällern und tanzen um ihn herum.

*Möchtest du Tosse helfen, zu erraten, welche
T-Wörter sich hinter den sieben Rätseln versteckt
haben?*

Aber Achtung: Die beiden Trollkinder lieben
Schabernack und versuchen, Tosse hinters Licht
zu führen.

*Findest du die beiden Rätsel, bei denen etwas nicht
stimmt? Tipp: Wenn du Hilfe brauchst, schau auf die
Bilder.*

1. Es trocknet deine Tränen oder putzt dir die Nase.

2. Das gesuchte Tier ähnelt einer Raupe und könnte, wenn es nicht barfuß laufen würde, viele Paar Schuhe tragen.

3. Du kannst dir mit diesem Gerät vor dem Einschlafen wünschen, was du träumen möchtest. Es beschert dir jede Nacht regenbogen-bunte Abenteuer mit Bonbongeschmack.

4. Er lebt im Meer und versprüht, wenn er Angst hat, tintenschwarze Kleckse.

Lösungen:
1: Taschentuch, 2: Tausendfüßler, 3: Traumwunschautomat, 4: Tintenfisch, 5: Beet, 6: Tiger, 7: Teddybär

Schabernack in Rätsel 3 und 5:
Einen Traumwunschautomaten findet man nur in der Welt der Trolle, und der Weg dorthin ist leider tipptopp verborgen!
Hast du es bemerkt? Das Beet hat gar kein T am Anfang, dafür aber am Ende.

5. Hier kannst du Kräuter, Gemüse oder Blumen einpflanzen und den Pflanzen beim Wachsen zusehen.

6. Diese Raubkatze lebt im Dschungel, hat Streifen und scharfe Zähne.

7. Er ist aus Plüsch, teilt dein Bett mit dir und wird nur selten ausgeliehen, weil du am liebsten selbst mit ihm kuschelst.

Hast du schon alle T-Wörter gefunden?

Dann denk dir jetzt ein eigenes Rätsel für deine Eltern, Geschwister oder Freunde aus.

Ob du ein Bild malst, oder das gesuchte Wort mit deinen Händen, Füßen oder anderen Wörtern beschreibst, entscheidest du.

Tito, Trulla und Tosse drücken dir alle Däumchen, dass dir troll-tastische Worte einfallen.

U wie Uhu

U unterwegs

von Christa Budde und Michaela Solf-Dehnert

Das U saß auf einer Bank im Park und seufzte.
„Alle Buchstaben im Alphabet sind so toll. Alle können etwas Besonderes. Und was kann ich? Ich bin nur ein nutzloses U."
Da kam ein kleines Mädchen in den Park. Es holte Erde, füllte sie in das U und pflanzte eine Blume hinein. Jetzt war das U ein Blumentopf.
Oh wie hübsch, dachte das U.

Ein alter Mann ging an der Bank vorbei.
„Für dich", sagte das Mädchen und reichte ihm das U mit der Blume.
Behutsam nahm der alte Mann den Topf in beide Hände. Er bedankte sich lächelnd und betrachtete das U von allen Seiten.
„Was für ein wunderschöner Topf."
Der alte Mann nahm ihn mit in seinen Garten. Dort pflanzte er die Blume mit der Erde in ein Beet neben den Gartenteich.
Dann spülte er den Topf gründlich aus und klebte einen Henkel dran. Anschließend holte er seine geblümte Teekanne und goss Tee in das U. Jetzt war es eine Teetasse.
Oh wie schön, dachte das U.

u

Als es anfing, zu regnen, ging der alte Mann in sein Haus. Aber weil er so vergesslich war, ließ er die Tasse im Garten stehen.
Immer höher stieg das Wasser im U. Ein Ulmenblatt fiel hinein und segelte ein bisschen umher.
Jetzt bin ich ein See, dachte das U erstaunt.

Ein Marienkäfer landete auf dem Blatt. Er putzte seine Fühler und freute sich, dass er nicht ins Wasser gefallen war.
Ich trage eine Rettungsinsel, dachte das U gerührt.

Doch ein Windstoß kam und kippte das U um. See, Blatt und Käfer purzelten hinaus.

„Auf Wiedersehen", rief das U.

„Auf Wiedersehen", riefen das Blatt und der Käfer.

Der Wind gab dem U noch einen Schubs, sodass es in den Gartenteich rollte. Das Wasser füllte das U, bis es langsam sank.

Jetzt bin ich ein U-Boot, blubberte es vergnügt.

Ein Krebs klopfte an das U. „Darf ich mich bei dir vor dem Storch verstecken?"

Das U nickte.

Jetzt bin ich ein Unterschlupf, dachte es zufrieden.

Als der Storch weg war, krabbelte der Krebs hinaus. Das U tauchte wieder auf und setzte sich auf den Rasen.

„Ich kann so vieles. Aber jetzt bin ich wieder allein", sagte es und seufzte.

Ein anderes U, das gerade aus dem Urlaub kam, hörte den Seufzer. Es schaukelte herbei. Ein H hüpfte aus einem Holunderbusch und winkte freundlich. Alle drei taten sich zusammen und flogen als UHU davon.

In dieser Geschichte ist das U ein Blumentopf,
eine Tasse, ein U-Boot und ein UHU.
Was könnte es noch sein?
Magst du ein Bild dazu malen?

V wie Vampir

Tausch mit mir!

von Susa Reichmann und Laura Kier

Es war einmal ein Vampir,
der sagte im Winter: „Ich frier!
Der Schnee ist so kalt,
und der Wind heult im Wald.
Die Zähne, wie klappern sie mir!"

Ein Vogel saß auf einem Ast,
der hätt' gern den Abflug verpasst,
den sonnigen Süden
am liebsten gemieden.
Die Hitze fiel ihm nur zur Last.

Der Vogel, der sprach zum Vampir:
„Ich hab's! Du fliegst fort, ich bleib hier.
Denn Platz ist genug
im Zugvogel-Flug,
und ich krieg dein Schloss dann dafür."

So ist mit den Vögeln, die zogen,
der Vampir in den Süden geflogen.
Dort lag er am Strand,
ein Glas Saft in der Hand,
und bestaunte die glitzernden Wogen.

Der Vogel einstweilen im Schloss
den herrlichen Winter genoss.
Er tobte im Schnee
mit der Maus und dem Reh,
bis im Frühling das Eis schnell zerfloss.

Mit der Sonne, da kehrte voll Glück
der Vampir zu dem Vogel zurück.
„Dieser Tausch war der Hit!
Machst du das wieder mit?"
„Na logisch!", rief der ganz entzückt.

Wenn der Herbstwind kühler weht,
und ihr die Vögel fliegen seht,
holt das Fernglas hervor!
Schaut zum Himmel empor!
Ob ihr den Vampir dort erspäht?

Der Vampir und der Vogel haben etwas gemeinsam: das V am Anfang. Sprich mal beides laut aus! Wie klingt das V beim Vampir und wie beim Vogel? Wie würden sich Vampir und Vogel anhören, wenn sie nicht nur ihr Winterquartier, sondern auch die Aussprache ihres Anfangsbuchstabens getauscht hätten?

Lösung: Fampir und Wogel

W wie Wiesel

Wo steckt Wilma?

von Anja Schenk und Regine Wolff

„Wilmaaa", ruft der Wanderfalke und fliegt mit weit ausgebrei-
teten Schwingen durch die Luft. „Wo steckst du?"
„Das errätst du nie, Woody!", antwortet Wichtel Wilma von
irgendwoher. Der Wanderfalke schaut nach Norden, Süden,
Osten, Westen. Doch er entdeckt nicht einmal die weinrote
Wollmütze seiner Freundin. Und ihre Stimme ist nur sehr
schwach zu hören. Zum Glück hat Woody nicht nur gute
Augen, sondern auch ein ausgezeichnetes Gehör.
„Ich gebe dir einen kleinen Hinweis", sagt Wilma. „Ich bin an
einem Ort, der mit dem Buchstaben W beginnt, wie meine
Lieblingseissorte Waldmeister."

„Na, das ist doch wirklich leicht. Du bist auf der Wiese!"
„Nö, Woody, das wäre zu einfach. Außerdem habe ich doch
erst gestern Wiesenblumen gepflückt. Du glaubst nicht, was
mir da passiert ist! Ich hatte schon einen riesigen Strauß gesammelt, als plötzlich der Himmel dunkel wurde, und ein mäch-
tiger Wind um mich herumwirbelte. Er riss mir die Blumen aus
der Hand und pustete sie in alle Himmelsrichtungen. Da hab
ich mich schnell unter einer Wurzel versteckt und gewartet,
bis der Wirbelwind weg war. Immerhin konnte ich eine weiße
Waldanemone retten."
„Ich fand den stürmischen Wind gestern wunderbar",
schwärmt Woody und sucht mit den Augen weiter den Boden
ab. „Wenn du nicht auf der Wiese bist, dann badest du bestimmt gerade im wilden Fluss!"
„Brrr … dazu ist es heute viel zu kalt", entgegnet Wilma. „Aber
letztes Wochenende bin ich auf dem Fluss von Stein zu Stein
gehüpft und habe dabei zwei Welse beobachtet, die zwischen
den Steinen hindurchschwammen.

Wusstest du, dass Welse einen langen Bart haben, genau wie mein Opa Wilbert?", fragt Wilma und kichert.

Woody ist ratlos. „Deinen Opa kann ich von hier oben sehen. Der pflückt Wacholderbeeren. Aber wo steckst du? Hast du dich etwa in Luft aufgelöst? Oder hockst du auf der dicken Wolke über mir?"

„Du Witzbold! Ich kann doch gar nicht fliegen!", erwidert Wilma verschmitzt. „Aber der dicken Wolke würde ich gern mal einen Besuch abstatten und für ein kräftiges Gewitter sorgen!"

„Da bin ich aber froh, dass du keine Wetterhexe bist, denn ein Gewitter steht nicht auf meiner Wunschliste", sagt Woody und fliegt in Richtung Westen. „Ich weiß jetzt, wo du steckst. Du bist im Wald bei der alten Weide. Hab ich recht?"

„Du kommst der Lösung schon näher. Beeil dich! Mir wird es langsam zu eng in meinem Versteck", ruft Wilma.
Der Wanderfalke setzt zum Sturzflug an. „Um die alte Weide habe ich mal ein Wildschwein gejagt", erzählt Woody.
„Ha, ich glaube, es hat eher dich gejagt", entgegnet Wilma.
Plötzlich rumst und wummst es.
„Das Poltern kam aus deiner Waldhütte", sagt Woody und fliegt auf ein offenes Fenster zu.
„Stimmt", seufzt Wilma. „Ich bin gerade aus meinem Versteck gefallen", erklärt sie, während sie drei geringelte Socken, einen Schal und einen Handschuh von ihrem Kopf schüttelt.

Wo hatte sich Wichtel Wilma versteckt?

Lösung: Wilma war im Wäschekorb.

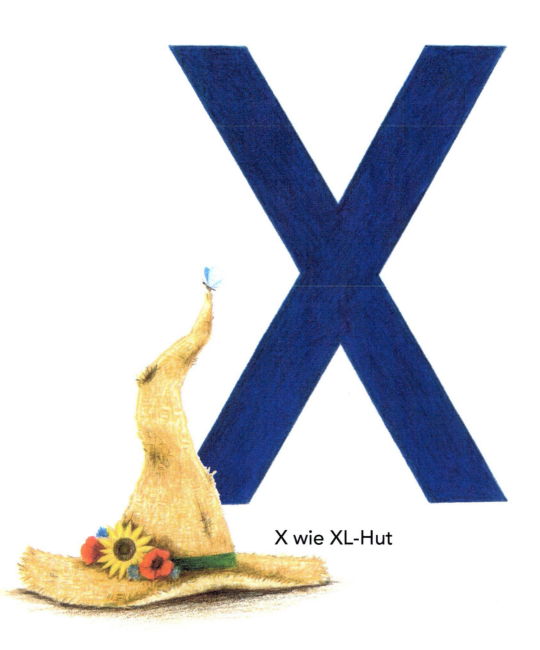

X wie XL-Hut

Buchstabenhexe Lexi

von Susanne Benk und Lilian Haetinger

Lexi ist eine Buchstabenhexe. Sie sammelt Buchstaben und mixt sie solange durcheinander, bis ein Wort dabei herauskommt. Am liebsten mag Lexi das X, auch wenn es nicht so viele Wörter mit diesem Buchstaben gibt.

„Verflixt", sagt sie eines Tages zu ihrem x-beinigen Raben Krix Krax. „Ich glaube, ich habe schon alle X-Wörter in meiner Sammlung."
„Niemals", antwortet Krix Krax und zeigt auf seine Freundschaftsbänder, die er sich x-mal um seine Schwanzfedern gebunden hat. „Hab ich dir schon erzählt, woher die kommen?"
„Die gelben hast du aus Mexiko und die blau gepunkteten aus Texas", sagt Lexi und blättert gelangweilt in einem Asterix-und-Obelix-Comic. Doch jetzt will sie raus und auf Buchstabenjagd gehen. Sie hat sich schon ihren alten Strohhut in Größe XL aufgesetzt, entscheidet sich dann aber blitzartig für ihren neuen Hexenhut in Größe XXL. Anschließend rennt sie zu ihrem Flugpinsel. Du musst wissen, Buchstabenhexen sind so klein, dass ihnen ein Pinsel zum Fliegen ausreicht. Lexi springt auf ihren Pinsel und saust fix durch das Fenster Richtung Marktplatz. Krix Krax folgt ihr natürlich.

Plötzlich kriegt Lexi Schluckauf.
„Ix, ix", schießt es aus ihrem Mund, und Krix Krax verdreht die Augen. Denn wenn Lexi Schluckauf bekommt, bedeutet das, dass die kleine Hexe etwas vorhat.
„Ix, Ix", hickst Lexi erneut und fliegt mit maximaler Geschwindigkeit um den Marktbrunnen direkt auf ein Schaufenster zu.
„Schau mal, wie schön", seufzt sie und drückt ihre Nase an der Scheibe platt.

„Das sind Musikboxen", krächzt Krax. „Was soll daran schön sein?"

„Die Boxen interessieren mich nicht", antwortet Lexi. Sie zeigt auf das kleine *n* im Wort *Musikboxen*. „Hix, Hix", ruft sie daraufhin, was ein bisschen wie ihr Schluckauf klingt, und plötzlich liegt das *n* auf ihrer Hand. Vorsichtig lässt sie den Buchstaben in ihrer Handtasche verschwinden.

„Du hast stibitzt", flüstert Krax.

„Ausgetauscht", flüstert Lexi zurück. „Ich hatte noch ein kleines *r* übrig."

Der Rabe sieht auf das Preisschild und liest: „Große Musikboxer für nur 99 Euro!" Bevor er mit ihr schimpfen kann, ist Lexi schon weitergesaust und klebt am Schaufenster eines Reiseunternehmens.

„Ui", ruft sie. „Mit dem Orient-Express nach Paris. Inklusive Übernachtung im luxuriösen Schlafwagen."

„Das ist nix für mich", meint Krax und verschränkt die Flügel. „Beim Zugfahren kriege ich nie und nimmer ein Auge zu."

„Du dusseliger Rabe", lacht Lexi. „Ich will doch nur den Buchstaben." Sie zeigt auf das kleine *l* im Wort *Schlafwagen* und hext es mit einem schnellen „Hix, Hix" zu sich.

Krix Krax kringelt sich vor Lachen. „Übernachtung im luxuriösen Schafwagen", liest er. „Das lassen wir so."

Als die zwei weiterfliegen, stoßen sie fast mit einem Fahrrad zusammen. Vor Schreck fliegt Lexi ein paar extrem steile Loopings, sodass alle Buchstaben aus ihrer Tasche purzeln.

„Hey, du hast ja noch mehr Buchstaben gesammelt." Krix Krax schaut erstaunt auf den Boden. „Und sie ergeben ein Wort mit X am Anfang."
„Wirklich?", fragt Lexi und mixt die Buchstaben solange durcheinander, bis sie jubelnd feststellt: „Es ist ein Musikinstrument, das wir sogar bei uns zu Hause haben."

In der Wohnung von Lexi und Krix Krax ist es etwas unordentlich, aber wenn du genau hinsiehst, findest du das gesuchte Instrument bestimmt. Wie heißt es?

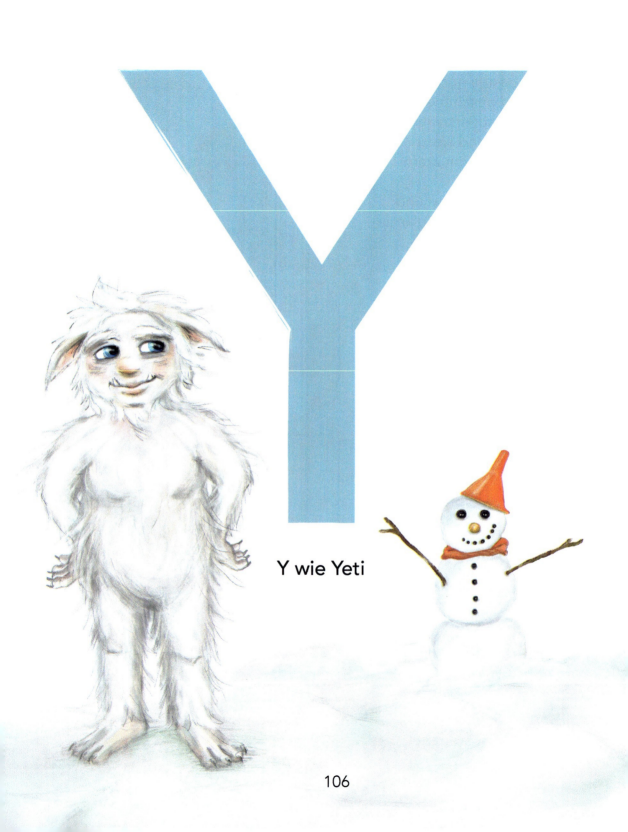

Y wie Yeti

Ein Yeti in der Stadt

von Melanie Quéré und Stella Chitzos

Auf einem Berg in weiter Ferne
schaute ein Yeti schrecklich gerne
mit 'nem Fernrohr auf die Stadt
und sah sich an den Wundern satt.

Ponys sprangen, Babys lachten,
während Eltern Yoga machten.
Ein Teddy tanzte ganz verrückt,
und unser Yeti war entzückt.

Den Schnee, das müsst ihr doch verstehen,
konnte der Yeti nicht mehr sehen.
Nur Schnee gab's in der Müslischale,
aus Schnee war'n Tische und Regale,
aus Schnee bestand das Kuscheltier
und selbst im Bad das Klopapier!

Drum fasste er einen Entschluss,
gab seinem Kuscheltier 'nen Kuss
und stapfte froh gelaunt und munter
von seinem hohen Berg herunter.

Bald kam der Yeti in die Stadt
und war vom vielen Gucken platt.

Roller fahren, Sticker kleben,
überall schien's Spaß zu geben!
Ganz egal, ob drauß', ob drinnen,
er wusste gar nicht, wo beginnen.

y

Da zupfte ihn ein Kind am Fell,
erst scheu, dann rief's die andern schnell,
und eines fragte Yeti frei,
ob er aus Zuckerwatte sei.

Schon saß ein Kind auf Yetis Rücken,
ein andres legte voll Entzücken
in seine Pfote sanft hinein
einen Freundschafts-Kieselstein.

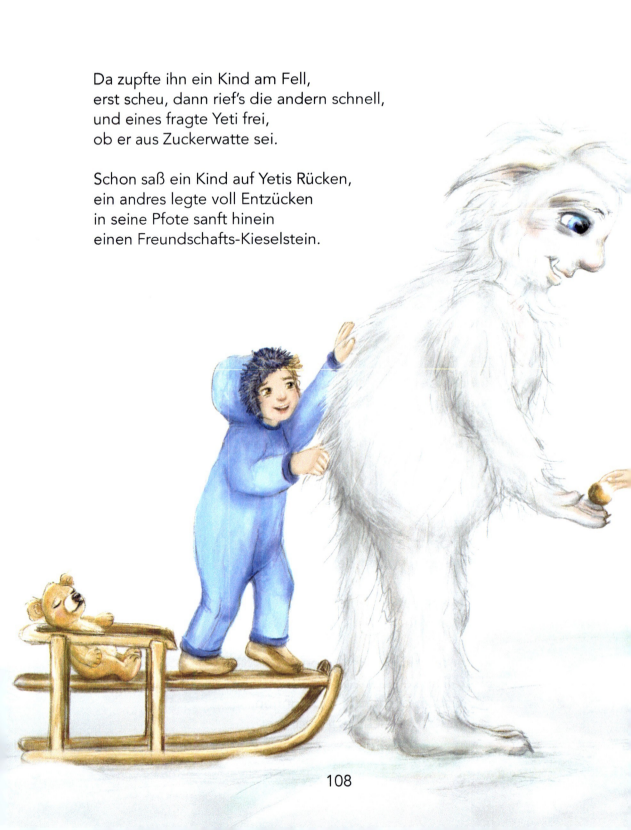

Zum Jahrmarkt wollten alle geh'n
und sich im Flugzeug schwindlig dreh'n.
Am End' war Yetis Fell ganz kraus,
er sah fast wie ein Pudel aus.

Die Sonne war kaum noch zu seh'n,
die Kinder mussten schließlich geh'n.
Mit schwerem Herz stieg Yeti dann
auf seinen Berg und seufzte lang.

Doch als am Morgen Yeti trat
vor seine Tür bei Minusgrad,
da waren schon - wer hätt's gedacht -
die Kinder da zur Schneeballschlacht.

Und ganz egal, ob Schnee, ob Stadt,
ob flauschig, pelzig oder glatt:
Mit Freunden, das war Yeti klar,
ist alles einfach wunderbar!

*Zähl doch mal! Wie oft kommt
das Wort "Yeti" im Gedicht vor?*

Lösung: 11 Mal kommt das Wort Yeti im Gedicht vor.

109

Z wie Zauberer

Die Zauberkraft des Zaunkönigs

von Laura Kier und Patrick Heinicke

Zu Zeiten, als das Wünschen noch geholfen hat, lebte ein Zaunkönig namens Zio. Da Zio sich nichts sehnlicher wünschte, als zaubern zu lernen, flog er mit einer Silberzwiebel zum nahen Zaubernuss-Strauch. Dort wohnte der Zwerg Zwack, von dem man sich erzählte, dass er zahlreiche Zaubertricks könne.

Voller Zuversicht bat Zio den Zwerg: „Bitte zeig mir, wie ich diese Zwiebel verschwinden lassen kann."

„Nichts leichter als das", antwortete Zwack und aß sie mit einem Happs auf.

„Hey, das war meine Zwiebel!", rief Zio entsetzt. „Du solltest sie wegzaubern und nicht essen!"

Der Zwerg zuckte mit den Schultern. „Warum sollte ich sie verschwinden lassen? Wenn sie weg ist, hat ja niemand was davon."

„Ich will zaubern lernen!", zwitscherte Zio aufgeregt.

Zwack schüttelte den Kopf. „Das beherrschen nur wenige. Zudem habe ich noch nie von einem zaubernden Zaunkönig gehört."

So schnell gab Zio nicht auf. „Es muss einen Weg geben, und ich werde ihn finden", sagte er und reckte den Schnabel vor.

Der Zwerg nahm seine zinnoberrote Zipfelmütze vom Kopf und drehte sie nachdenklich zwischen den Händen. „Ich kenne vielleicht jemanden, der dir helfen kann."

„Wer ist es?", fragte Zio ungeduldig.

„Der Zauberer Zacharias Zimtstern. Er lebt irgendwo in den Zuckerwattebergen."

Zio bedankte sich bei Zwack und flog schnell wie der Wind über die Zwillings-Seen und hinein in einen dunklen Wald.

Plötzlich türmten sich vor ihm riesige Hügel auf. Waren das schon die Zuckerwatteberge? Zio hielt nach dem Zauberer Ausschau, konnte ihn aber nirgendwo sehen. Er suchte zwischen den Ziegen, die über die Steilhänge kletterten. Keine Spur von Zacharias Zimtstern.

Er flog zum höchsten Gipfel. Dort entdeckte er einen Mann, der eine Wolke nach der anderen zurecht zupfte. Gerade formte er ein Tier mit langen Ohren. Der Mann musste Zacharias Zimtstern sein! Zügig flatterte Zio zu ihm. Als er landete, verwandelte sich die Wolke in ein Zwergkaninchen und flitzte im Zickzack davon.

„Guten Tag", grüßte der Zaunkönig. „Ich möchte wie du zaubern können. Kannst du es mir beibringen?"

Zacharias Zimtstern zwirbelte seinen schwarzen Schnauzbart, bis dieser ganz spitz war. Schließlich lächelte er und sagte: „Sing bitte ein Lied für mich."

So einfach ist das?, wunderte sich Zio. Dann zwitscherte er los und sang das schönste Lied, das er kannte.

Als Zio endete, meinte der Zauberer: „Du brauchst von mir nichts zu lernen. Du kannst bereits zaubern. Sieh nur, wen du alles angelockt hast!"

Tatsächlich: Das Zwergkaninchen, zwölf Ziegen, zwei Zitronenfalter und ein Zilpzalp waren nähergekommen.

„Zugabe! Zugabe!", rief der Zilpzalp gerührt.

Der Zaunkönig staunte. Damit hatte er nicht gerechnet. Die Musik war seine Zauberkraft!

Seitdem zwitschert Zio bei jeder Gelegenheit, um seine Zuhörer zu erfreuen. Und wenn er nicht gerade eine Silberzwiebel für Zwack sucht oder mit Zacharias Zimtstern Wolken formt, dann singt er bestimmt in deinem Garten.

Ein Zilpzalp? Hat Zacharias Zimtstern seine Finger im Spiel
und ein neues Wesen erschaffen?
Was glaubst du, welches Tier sich hinter diesem Wort verbirgt?
a) Zebra, b) Zitteral oder c) Zugvogel

Lösung: Der Zilpzalp ist ein Zugvogel und gleichzeitig auch ein Singvogel wie Zaunkönig Zio.

Hier kommt das ß! Dieser Buchstabe ist anders als die anderen.
Denn bis jetzt hat sich noch niemand ein Wort ausgedacht, das mit
ß beginnt. Dafür gibt es einige Wörter, die auf ß enden. Wer weiß,
vielleicht erfindest du bald ein Wort, das mit ß beginnt.

ß wie in Strauß

Großmaul und Hasenfuß

von Susanne Benk und Inga Knoff

„Du bist so ängstlich", sagte Oskar zu seinem Mitschüler Paul.
„Gestern krabbelte eine Assel auf dem Boden der Turnhalle
herum. Und wer schrie auf? Du!" Er stieß ein Steinchen quer
über den Schulhof und kicherte: „Wahrscheinlich zitterst du
sogar vor einem Mädchen."
„Blödsinn", zischte Paul, als die neue Schülerin Ella auf die beiden zugelaufen kam.
„Am Samstag feiere ich eine Willkommensparty", sagte sie und
übergab jedem eine Einladungskarte.
„Ich werde da sein!", meinte Oskar. „Aber Paul ist ein Hasenfuß."
Du bist ein Großmaul, dachte Paul, traute sich aber nicht, das
zu sagen. Stattdessen murmelte er mit gesenktem Blick:
„Danke für die Einladung, Ella."

Am Samstag schnappte sich Paul Ellas Geschenk und flitzte los.
Bei der Litfaßsäule bog er in die Weißdornstraße ein. Kurz vor
Hausnummer 33 wurde er von Oskar überholt.
„Erster!", rief der und klingelte. Als Ella die Tür öffnete, über-
reichten ihr Oskar und Paul jeweils einen Blumenstrauß. An-
schließend ließen sie sich von Ella hinter das Haus in den
Garten führen.
Die meisten Gäste saßen an runden Tischen und aßen Schoko-
klöße mit Brombeersoße.
„Wer kommt mit mir auf eine Reise?", fragte Ella plötzlich.
„Nachher, meine Süße", schmatzte Ellas Tante Lucy.
„Ich komme mit", hörte Paul sich auf einmal sagen.
„Ich auch", sagte Oskar schnell. Ella führte die beiden an
hohen Bäumen vorbei durch ein dichtes Gestrüpp. Dahinter
lag ein Feld. Dort stand ein großer Korb, über dem ein bunter
Ballon in den Himmel ragte.

ß

115

„Ein Heißluftballon, ich werd' verrückt", staunte Paul. Er stupste
Oskar lachend in die Seite. Doch der sah auf einmal käseweiß aus.
„Ist dir nicht gut?", fragte ein Mann, der neben dem Ballon stand
und sich als Onkel Sebastian vorstellte.
„Ich hätte vorher keine Süßigkeiten essen sollen", antwortete Oskar.
„Hast du etwa Angst?", flüsterte Paul und kletterte noch vor Ella und
ihrem Onkel in den Korb hinein.
„Quatsch, ich bin doch kein Hasenfuß!", sagte Oskar und kletterte
hinterher.
Die Feuerflamme schoss nach oben und der Korb ruckelte. Dann
stieg der Ballon auf.
Oskar wischte sich den Schweiß von der Stirn. „Fliegen wir schon?",
fragte er.
„Wenn du die Augen öffnen würdest, könntest du unsere Schule
sehen", antwortete Paul.
„Später, ich hab Staub in die Augen gekriegt." Oskar krallte sich
am Korb fest.

„Boah", rief Paul. „Jetzt wären wir fast mit einem Bussard zusammengestoßen."

„Waaas!?", schrie Oskar und öffnete die Augen.

„Nee", kicherte Paul, „war doch nur ein Schmetterling." Er klopfte Oskar beruhigend auf die Schulter, als Ella nach unten zeigte. „Das Stück Erde, auf dem der Korb nachher landen wird, gehört uns. Das ist alter Ballonfahrerbrauch", erklärte sie.

„Dann müssen wir auf dem Fußballplatz landen", sagte Oskar, während das Zittern in seinen Beinen langsam nachließ.

„Oder mitten im Fluss auf einem Floß", überlegte Ella.

Paul wollte am liebsten im Zoo landen, direkt vor dem Straußengehege. Die riesigen Vögel waren nämlich seine Lieblingstiere. Aber jetzt wollte er noch gar nicht landen, sondern so lange wie möglich die Aussicht genießen.

Gestalte dein ABC-Buch mit! Schnapp dir deine Lieblingsstifte und male die Ballonfahrt von Paul, Oskar und Ella bunt.

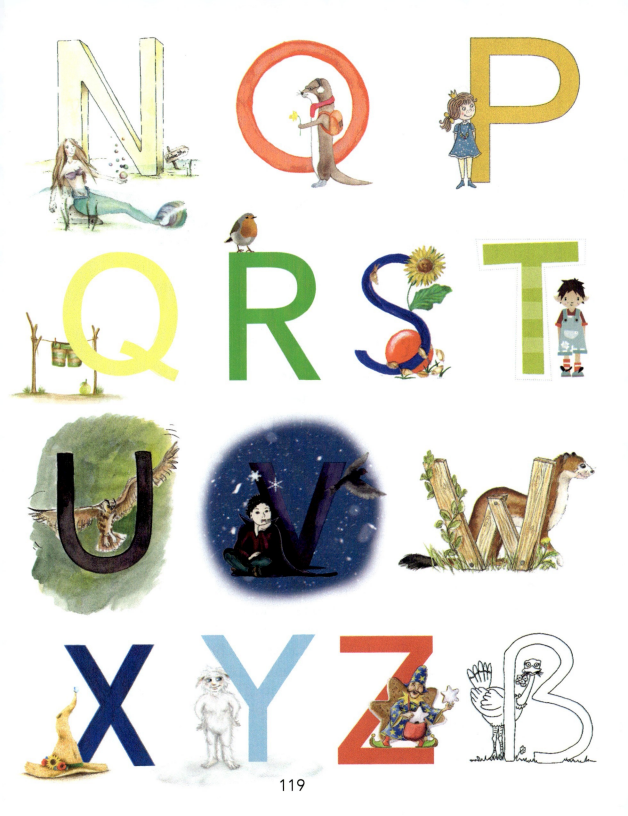

Herausgeberin:

Susanne Benk M.A., geboren 1980 in Halle an der Saale, studierte Berufsorientierte Linguistik im interkulturellen Kontext und Germanistische Literaturwissenschaft an der Martin-Luther-Universität Halle. Sie war Chefredakteurin der Unizeitschrift „Leselicht" und Rezensentin für Radio MDR Figaro und Sputnik, arbeitete als Journalistin bei der Mitteldeutschen Zeitung und dem Stadtmagazin „aha". Inzwischen lebt sie in der Karl-May-Stadt Bad Segeberg und schreibt neben Kinderbüchern Geschichten für Radio Ohrenbär und Kurzgeschichten für Erwachsene.

AutorInnen und IllustratorInnen:

A: *Melanie Stanke* wurde 1998 in München geboren und veröffentlichte mit 16 Jahren ihr erstes Jugendbuch. 2017 erschienen über CreateSpace zwei weitere Jugendbücher.

Patrick Heinicke wurde 1961 in Hamburg geboren. Er studierte in Basel und Amsterdam Grafikdesign. Seit 20 Jahren arbeitet er im sonnigen Spanien u.a. für Siemens, Circus Roncalli und den Achterbahn Verlag. Heinicke illustriert Kinder- und Comicbücher und ist im Geschenkartikel- und Werbebereich tätig. (www.ph-grafic.jimdo.com)

B: *Simone Gruber*, geboren 1966, studierte Romanistik und Germanistik in Düsseldorf, arbeitete viele Jahre als TV-Redakteurin und Redaktionsleiterin, bis sie sich als freie Journalistin, Übersetzerin und Autorin selbstständig machte. Erschienen sind von ihr mehrere Kurzgeschichten, „Eisaugen. Der Weg zu dir" (Jugendroman, Oetinger34) sowie „Fips will keine Schildkröte mehr sein" (Bilderbuch, KaleaBook). (www.simone-gruber.de)

C: *Carina Raedlein* wurde 1987 geboren. Ihr Jugendbuch „ANAKONDA" schaffte es in die Top 5 Shortlist des Romance Wettbewerbs des Arena Digi:tales Verlags.

Eva Künzel wurde 1990 in Hamm geboren. Sie ist für Kinderbuchverlage tätig und erobert auch den Spielemarkt mit Illustrationen u.a. für Schmidt-Spiele: „Schlaraffen Affen", „Eckig, rund, kunterbunt". (www.evakuenzel.de)

D: *Nika Reiff* wurde 1970 am Niederrhein geboren. Sie arbeitet als Referentin und Trainerin für Schulklassen und Kindergruppen und entwickelt Programminhalte im Bereich der tiergestützten Pädagogik und nachhaltigen Entwicklung. Neben Natur- und Umweltthemen begeistern sie Literatur, Mythen und Geschichten aus aller Welt.

Aleksis M. Jansen, geboren 1981 in Köln, veröffentlichte anatomische Zeichnungen und Rekonstruktionen von Haien und ausgestorbenen Tieren im internationalen Rahmen. Sie designt und gestaltet aber auch Miniaturen von Phantasiewesen.

E: *Susann Obando Amendt* wurde 1976 geboren. Sie veröffentlichte Kurzgeschichten für Kinder und Erwachsene in Zeitungen, Zeitschriften und Anthologien und war eine von zehn GewinnerInnen des Märchen-Schreibwettbewerbs der Zeitschrift VITAL. Außerdem schreibt sie Gute-Nacht-Geschichten für Ear Reality.

Stella Chitzos wurde 1978 in Düsseldorf geboren. Nach ihrem Studium der visuellen Kommunikation hat sie als Junior Art Director in einer Werbe- und Eventagentur gearbeitet. Seit 2007 arbeitet sie als freiberufliche Grafik-Designerin und seit 2016 illustriert sie Kinderbücher. (www.stellachitzos.de)

F: *Michaela Göhr* wurde 1972 im Sauerland geboren. Die Sonderpädagogin schreibt Romane für Kinder, Jugendliche und Erwachsene, bisher hauptsächlich aus dem Bereich der Phantastik. (www.derfantast.jimdofree.com)

Inga Knoff wurde 1981 in Dithmarschen geboren. Nach einem Lehramtsstudium in Flensburg arbeitet sie nun als Schulbuchredakteurin für Mathebücher in Berlin und zeichnet nebenbei freche Feen und Kuschelkatzen.

G: *Alice Schubert*, geboren 1981, ist promovierte Biologin. 2018 erschien ihr erstes Bilderbuch „Rabenschwarz und Neidgrün" bei BoD.

Ann-Kathrin Gross, geboren 1987, studierte in Hannover Mediendesign. Mittlerweile ist sie nach Berlin umgesiedelt und erstellt dort bunte „Bilder", in denen Fantasie lebendig wird.

H: *Anja Schenk* wurde 1975 in der Sächsischen Schweiz geboren. Sie schrieb bereits Bücher über Hexen, Zahnpiraten und Schneeflocken. Ihre neuesten Kinderbücher heißen „Ruby Rauchschwalbe", Wiesengrund Verlag, und „Die total verrückte Reise der Familie Nussbaum", World for Kids Verlag. (www.anjaschenk-autorin.de)

Marie Braner, geboren 1992, schloss 2016 ihr Design-Studium mit Schwerpunkt Kinderbuchillustration an der Fachhochschule in Münster ab. Ihre Dozenten waren u.a. Daniel Napp und Aljoscha Blau. Sie arbeitet als freiberufliche Kinderbuchillustratorin. Sie hat u.a. die Innen-Illustrationen zum Kinderbuch „Weihnachten in der Pfeffergasse" von Sarah Bosse (Coppenrath Verlag) übernommen. (www.mariebraner.de)

I: *Melanie Quéré*, geboren 1984, wuchs zweisprachig auf (deutsch-französisch). Sie studierte Psychologie und Literatur und arbeitet inzwischen als Grundschullehrerin. Neben dem Schreiben von Büchern tanzt sie gern Lindy Hop.

Stella Chitzos (siehe E)

J: *Annika Hofmann*, geboren 1985, studierte Amerikanistik/ Anglistik und Germanistik. Einige ihrer Vorträge führten sie rund um die Welt (u.a. nach Kuala Lumpur, Toronto und Shanghai). 2012 ist eine Kurzgeschichte von ihr in Ken Folletts Buch „Winter of the World" (Pan Books, London) erschienen. Sie arbeitet als freie Werbetexterin. (www.hallowach.com)

Alisa Fröhlich, geboren 1986, begann im Alter von fünf Jahren, ihre eigenen Märchen aufs Papier zu zaubern. Mit der Kinderbuchfigur Liliane Susewind hat sie gemeinsam, dass sie sich gern mit Tieren unterhält. (www.candyillustrations.com)

K: *Jan Ludwig* wurde 1965 geboren. Der Naturwissenschaftler studierte 2008-2012 an der Hamburger Fernakademie Belletristik und Kinder- und Jugendliteratur. Seine Studienabschlussarbeit bestand darin, ein Kindertheaterstück zu entwickeln. „Benno und der Sockenkönig" ist im adspecta-Verlag erschienen.

Inga Knoff (siehe F)

L: *Susann Obando Amendt* (siehe E)

Michaela Solf-Dehnert, geboren 1994, schloss 2019 ihr Studium der Bildenden Kunst an der Hochschule für Bildende Künste in Dresden ab. Zwei Semester verbrachte sie an der University of Leeds. Als zweifache Mutter setzt sie sich in ihrer malerischen Arbeit viel mit den Themen Mutterschaft, Kindheit und Geburt auseinander und entdeckte ihre Begeisterung für die Kinderbuchillustration. (www.michaela-solf-dehnert.de)

M: *Susanne Benk* (siehe Herausgeberin) und *Eva Künzel* (siehe C)

N: *Martin Ebbertz*, geboren 1962 in Aachen, studierte in Freiburg, Münster und Frankfurt am Main Germanistik, Geschichte und Philosophie. Bislang schrieb er zahlreiche Fortsetzungsgeschichten fürs Radio und veröffentlichte mehrere Kinderbücher: u.a. „Der kleine Herr Jaromir", Razamba, und „Ein Esel ist ein Zebra ohne Streifen. Onkel Theo erzählt 44 fast wahre Geschichten", Razamba. (www.ebbertz.de)

Alisa Fröhlich (siehe N)

O: *Melissa Bruder* wurde 2001 in Gengenbach im Schwarzwald geboren. Ihre ersten Geschichten schrieb sie für ihren jüngeren Bruder. 2019 erschien im Ulli Verlag ihr erstes Bilderbuch „Ganz hoch oben! Schaffen wir das?"

Mara Oppenberg wurde 2000 in Duisburg geboren. Neben allen künstlerischen und musikalischen Aktivitäten ist ihr der Umgang mit Menschen und Tieren sehr wichtig, weshalb sie tiergestützte Pädagogin werden möchte.

P: *Susanne Benk* (siehe Herausgeberin) und *Eva Künzel* (siehe C)

Q: *Marit Bernson*, geboren 1977 in Mecklenburg, schreibt Kinder- und Jugendbücher, Liebesromane und humorvolle Geschichten. (www.marit-bernson.de)

Stella Chitzos (siehe I)

R: *Regine Umbach*, geboren 1971, ist Dipl. Sozialarbeiterin. Sie veröffentlichte Geschichten in Anthologien und bei smartstorys.at. Ihre Kinderbuchreihe „Nelly & Pepe" ist bei BoD erschienen. (www.regineumbach.com), (www.nellyundpepe.jimdofree.com)

Christiane Brandt, geboren 1995 in Düsseldorf, studierte in Köln Illustration und Grafikdesign. Wenn sie nicht zeichnet, bastelt sie oder macht Musik.

S: *Johanna Fischer*, geboren 1979, liebt Vanilleeis mit heißer Schokosoße, große Zahnlücken, durch die man hindurchpfeifen kann und Umarmungen, die von Herzen kommen. Nach der Geburt ihres zweiten Sohnes absolvierte sie ein dreijähriges Fernstudium für Kinder- und Jugendliteratur in Hamburg. Ihr Bilderbuch „Karle und der Wolkenvogel" erschien 2019 im Mabuse-Verlag.

Aleksis M. Jansen (siehe D)

T: *Tjorven Boderius* wurde 1998 in Dithmarschen geboren. Nach einem Farmwork-and-Travel-Abenteuer am anderen Ende der Welt studiert die Landwirtin aus Leidenschaft nun Agrarwissenschaften in Kiel. Außerdem schreibt und bloggt sie. (Mytinnef.wordpress.com)

Nicola Dehmer, geboren 1975, studierte an den Hochschulen Wiesbaden und Darmstadt Design und Gestaltung und arbeitete danach bei verschiedenen Grafik- und Werbeagenturen. Dank eines Stipendiums verbrachte sie ein halbes Jahr in New York. Heute lebt sie in Amsterdam. Dehmer wurde u.a. mit dem Red Dot Award ausgezeichnet und für den Deutschen Designpreis nominiert. Sie gehört zu den fünfzehn Gestaltern, die für die Gemeinde Amsterdam arbeiten dürfen. (www.dehmer.nl)

U: Die promovierte Biologin, *Christa Budde*, geboren 1962, arbeitet seit 2005 als Umweltbildnerin, nachdem sie einige Jahre als Verhaltensforscherin in verschiedenen Ländern verbracht hat. 2017 schloss sie das Fernstudium Kinder- und Jugendbuchautorin an der Textmanufaktur Leipzig ab. Von ihr sind unter anderem erschienen: „Genusstouren in Nordvorpommern"; „Ach Mami" (cbm Verlag). 2017-2019 war sie Stipendiatin des mentoring KUNST Projekts für Künstlerinnen in Mecklenburg-Vorpommern.

Michaela Solf-Dehnert (siehe L)

V: *Susa Reichmann*, geboren 1976, ist Biologin und bringt an einer Hochschule im Schwarzwald Studierenden u.a. die Biochemie näher. Ihr Debüt „Woodtalker – Das Lied der Bäume" erschien 2019 im Hybrid Verlag. (www.susa-reichmann.de)

Laura Kier, geboren 1985, genießt das Leben in Niedersachsen und sammelt Inspiration in der Natur. In Märchen, Dystopien, Fantasy- und Steampunkromanen erzählt sie davon, den eigenen Träumen zu folgen. Mit Worten und Bildern entführt sie ihre Leser in Welten, die Wünsche wecken. (www.weltenpfad.net)

W: *Anja Schenk* (siehe H)

Regine Wolff, geboren 1969, studierte Textil- und Flächendesign an der Westsächsischen Hochschule Zwickau. Im Jaja Verlag erschien ihr Bilderbuch „Ferdinand macht sich schön". (www.reginewolff.de)

X: *Susanne Benk* (siehe Herausgeberin)

Lilian Haetinger, geboren 1995, studierte Kommunikationsdesign in Würzburg. Gemalt und illustriert hat sie schon, solange sie sich erinnern kann – ihre Liebe zu schön gestalteten Kinderbüchern ist dabei immer geblieben. Heute arbeitet sie als Designerin in der Nähe von Nürnberg.

Y: *Melanie Quéré* und *Stella Chitzos* (siehe I)

Z: *Laura Kier* (siehe V)

Patrick Heinicke (siehe A)

ß: *Susanne Benk* (siehe Herausgeberin) und *Inga Knoff* (siehe F)